优化初中数学教学设计
——减轻学生过重课业负担的实践探索

王章永 何静煊 著

重庆大学出版社

图书在版编目(CIP)数据

优化初中数学教学设计：减轻学生过重课业负担的实践探索／王章永，何静煊著．--重庆：重庆大学出版社，2020.6
ISBN 978-7-5689-1939-5

Ⅰ.①优… Ⅱ.①王…②何… Ⅲ.①中学数学课—教学设计—初中 Ⅳ.①G633.602

中国版本图书馆 CIP 数据核字(2020)第 082610 号

优化初中数学教学设计
—— 减轻学生过重课业负担的实践探索
王章永 何静煊 著
策划编辑：周 立

责任编辑：姜 凤　　版式设计：周 立
责任校对：张红梅　　责任印制：张 策

*

重庆大学出版社出版发行
出版人：饶帮华
社址：重庆市沙坪坝区大学城西路 21 号
邮编：401331
电话：(023)88617190　88617185(中小学)
传真：(023)88617186　88617166
网址：http://www.cqup.com.cn
邮箱：fxk@cqup.com.cn(营销中心)
全国新华书店经销
重庆俊蒲印务有限公司印刷

*

开本：890mm×1240mm　1/32　印张：7.75　字数：150 千
2020 年 6 月第 1 版　2020 年 6 月第 1 次印刷
ISBN 978-7-5689-1939-5　定价：56.50 元

本书如有印刷、装订等质量问题，本社负责调换
版权所有，请勿擅自翻印和用本书
制作各类出版物及配套用书，违者必究

内容提要

本书针对初中学生课业负担过重的问题,以"数学课程"教学为例,提出了通过优化初中数学教学设计来减轻学生课业负担过重的问题。全书首先论述了学生课业负担过重的背景和成因;学生课业负担过重与初中数学教学案设计的关联;初中数学教案设计的基本理论,导学案设计的原则;其次结合基本理论和原则,以具体教学案例来优化初中数学教案和学案的设计,达到减轻学生课业负担过重的目的。

本书内容包括总论、减负研究的实践理论"68361"减负模式、优化教案设计的原则及典型案例、初中数学导学案存在的问题及修改建议、优化导学案设计的基本理论和原则、优化导学案设计策略及其设计模型、初中数学导学案设计类型等。这些内容阐述了教育研究的方法和理论,最终是为了解决教育教学中存在的焦点问题。同时也体现了研究的示范性、专业性,从而为学科教育教学研究提供专业的技术支撑。

本书可作为中小学校教学新手的专业发展指导用书,也可作为一线教师研究课题的参考资料。

序

半个多世纪以来,关于学生课业负担过重的问题,已成为全社会普遍关注的焦点问题。当前,作为一名教师,不但要有扎实的学科知识基础、熟练的教学技能和丰富的教育教学理论知识,还需要掌握研究教育教学中疑难问题的方法。编写本书是为广大在职教师和即将入职的教师提供专业的教育教学中疑难问题的研究方法,使他们尽快达到国家规定的教师专业标准,促进其教师专业发展。尽管在大学期间学过"教育研究方法"这门公共课,但由于国际教育研究的新趋势已经由大而统的一般教育转向了具体的学科教育。不同的学科有不同的学习规律、教学规律和学科教育问题,各个学科要求将"教育研究方法"公共课与各个学科教育有效结合。但是,学科的多样性和差异性却使它难以做到这一点。于是,面向所有学科的"教育研究方法"公共课只能泛泛而论,无法满足学科教育研究的需要。近年来,虽然我国出版了不少教育研究的著作,促进了我国的教育研究,但以今天的国际标准来看,许多著作缺少专业性、示范性和引领性。

本书主要内容包括：

第一章 "总论"主要论述了中小学生负担过重的成因，从研究的理论基础、研究问题、研究思路和方法等方面进行了翔实的论述。

第二章 "减负研究的实践理论"主要是在研究过程中撰写的调查报告，以及针对教学中的主要问题和观点征求同行的意见而公开发表的文章。

第三章 "68361"减负模式主要论述减负与教学设计、教学行为、教学评价、教学目标之间的关联，并提出"乐福"教学主张。

第四章 "优化教案设计的原则及典型课例"从教学设计阐述了如何激活课堂，唤醒学生的教学设计模式。

第五章 "初中数学导学案存在的问题及修改建议"主要从初中数学导学案设计中存在的问题和修改建议进行了论述。

第六章 "优化导学案设计的基本理论和原则"主要论述了初中数学导学案设计的基本理论和原则。

第七章 "优化导学案设计策略及其设计模型"主要从具体案例分析导学案设计的策略和方法。

第八章 "初中数学导学案的设计类型"主要论述了初中数学各种课型导学案的设计模式。

本书是重庆市教育学会 2018 年度基础教育重点课题"优化教学设计，减轻初中学生数学过重课业负担的实践探索"

（课题批准号：XH2018A31）的研究成果。研究团队成员积极参与了相关研究和论文撰写，在写作过程中参考了大量文献，已尽可能地列在书后的参考文献中，但其中仍难免有遗漏，这里特向被遗漏的作者表示歉意，并向所有的作者表示诚挚的谢意。

由于编者水平有限，书中疏漏之处在所难免，敬请广大读者批评指正！

何静煊

2019年8月

目 录

第一章 总论 ·· 1
 第一节 选题的缘由 ······························· 1
 第二节 研究课业负担过重的理论基础与依据 ········ 9
 第三节 文献综述 ·································· 17
 第四节 研究的创新 ······························· 19
 第五节 研究的主要问题 ·························· 21
 第六节 研究的主要内容 ·························· 22
 第七节 研究的思路和方法 ······················· 23

第二章 减负研究的实践理论 ························ 26
 第一节 重庆市渝北区中小学生课业负担调查报告 ······ 26
 第二节 关于英语"学困生"的调查研究 ············ 39
 第三节 在新课程改革的背景下思考学生创新能力的培养
    ——听三堂公开课时引发的思考 ············ 42

第四节 初中数学作业设计的探索与研究 …………… 47
第五节 重视教学过程打造 营造"高效课堂"氛围
　　　　——一堂数学随堂课引发的思考 …………… 55
第六节 如何开展初中数学习题教学 ………………… 58
第七节 初中数学教学设计探究 ……………………… 63

第三章 "68361"减负模式 ……………………………… 68

第一节 优化教学设计的"6"要求 …………………… 70
第二节 更新教学行为的"8"策略 …………………… 73
第三节 教学评价的"3"关注 ………………………… 77
第四节 达成目标的"6"核心 ………………………… 79
第五节 凸显"1"个教学主张 ………………………… 88

第四章 优化教案设计的原则及典型课例 ……………… 90

第一节 优化教案设计的原则 ………………………… 90
第二节 数学课堂教学目标设计的基本理论 ………… 91
第三节 数学课堂教学目标设计的建议 ……………… 94
第四节 几类教案设计的案例 ………………………… 98

第五章 初中数学导学案存在的问题及修改建议 ……… 139

第一节 导学案设计存在的问题 ……………………… 139
第二节 导学案设计建议 ……………………………… 143

第六章　优化导学案设计的基本理论和原则 ………… 147
第一节　导学案的概念和意义 …………………… 147
第二节　导学案的设计模型 ……………………… 149
第三节　初中数学导学案的设计原则 …………… 158

第七章　优化导学案设计策略及设计模型 …………… 166
第一节　导学案设计的格式建议 ………………… 166
第二节　几种类型导学案栏目格式 ……………… 168
第三节　导学案设计范例 ………………………… 175

第八章　初中数学导学案的设计类型 ………………… 190
第一节　数学概念课学习的基本过程 …………… 190
第二节　从现象学与数学思想方法看概念学习的基本过程
　　　　　　　　　　　　　　　　　　　　………… 200
第三节　数学概念学习导学案的设计模式 ……… 202
第四节　"分式方程"的概念课例实录片段 …… 209
第五节　数学命题学习的学案设计模式 ………… 212
第六节　数学解题课学习的环节与学案设计结构 …… 214
第七节　数学复习课学案的含义与特点 ………… 218

参考文献 …………………………………………………… 230
后　记 ……………………………………………………… 232

第一章 总论

"优化教学设计,减轻初中学生数学过重课业负担的实践探索"是重庆市松树桥中学校承担的重庆市教育学会2018年度基础教育重点课题(课题批准号:XH2018A31)。此课题从2013年开始研究,最初只是教学实践,没有系统地进行研究,更没有结合相关理论进行实践。直到2018年才正式申请立项,被重庆市教育学会批准为重点课题。经过几年的实践探索,取得一些阶段性的成果。笔者从选题的缘由、研究的过程与方法、研究所取得的成果及推广应用等几个方面予以论述。

✱第一节 选题的缘由

关于学生课业负担过重的问题,是中国教育的一道难题,从中华人民共和国成立之初就已经存在,被称为当代中国教育最大的"顽疾"。半个多世纪以来,此问题已成为全社会普遍关注的焦点。《国家中长期教育改革和发展规划纲要》中明确指出:过重的课业负担严重损害了青少年的身心健康,危害民族的未来。通过减轻过重的课业负担,保证学生快乐学习,健康成长,是全社会的共同责任。家庭、社会、学校必须共同努力,标本兼治,综合治理。针对学生课业负担过重这一个"跨世纪问题",2018年中国教育三十人论坛学术委员会在全国采样多个省市,对16 830名中小学生的父母展开学生负担的调查,发布的一份《2018年中小学生减负调查报告》显示,有近四成的家长认为学生学业负担过重,如图1.1所示。

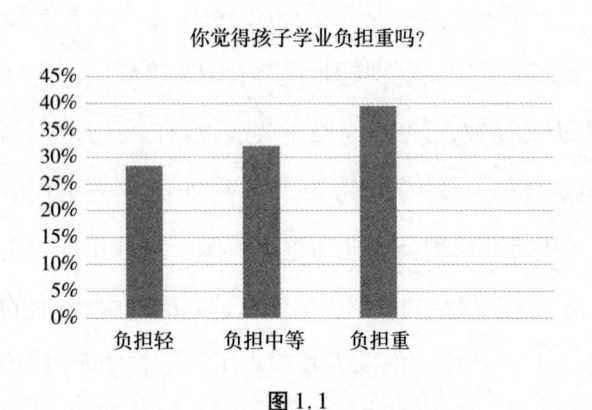

图 1.1

在2018年的两会报告中也明确指出,优先发展教育,加快教育改革的步伐,切实减轻学生课业负担,要推进素质教育,立德树人,各级各类教育部门都要着眼于促进人的全面发展,加快课程、教材、教法和考试评价制度的改革,把学生从过重的课业负担中解放出来，让学生有更多的时间思考、实践和创造。实践证明，初中学生课业负担过重导致创新力、想象力受到抑制已不是个别现象。过重的课业负担压得许多孩子喘不过气来，与社会、环境相处的能力都受到影响，严重背离教育规律和青少年身心成长规律，究其原因：既有社会根源，也有教育内部因素。

从社会因素来看：随着中高考竞争的不断加剧，社会对办学质量的好坏判断唯有升学率评价，增大了师生的压力。这种升学压力使社会、家长推波助澜，是造成学生课业负担过重的外部原因。家长往往把残酷的社会竞争过早地转嫁到孩子身上，已由过去单纯的学校行为演变成学校和社会的双重行为。调查显示，关于造成孩子学业负担过重的原因，有 55.3% 的家长认为升学压力大引起家长焦虑和有 44.7% 的家长认为学校教育片面追求升学率而导致，如图 1.2 所示。

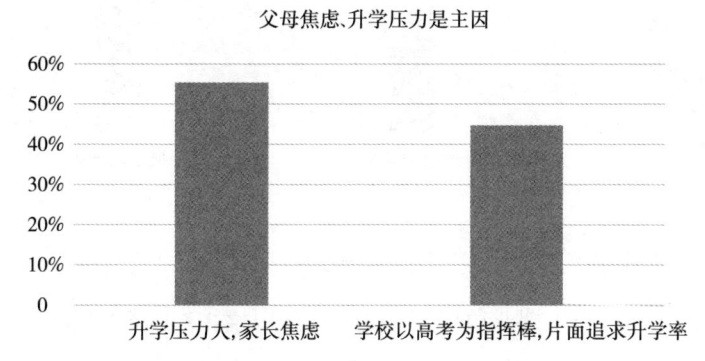

图 1.2

从家庭因素来看:家长对独生子女的期望值过高,望子成龙,盼女成凤心切,一味地要求学生得高分和满分,随意要求学生完成过多的课外作业。有时还给学生聘请家教,增加学习课程内容或是巩固已经学习过的内容等。有些孩子为了考试可以特长加分,父母强制学生参加各种特长班和兴趣班。家庭之间攀比心加剧,导致学生压力加大;学校在减负的同时,家长在努力"增负";再加上教育培训机构大肆炒作升学率、高考状元、名校择校等,家教风愈演愈烈。数据显示,在调查样本中仅有38%的学生没有报辅导班,其余62%的学生都报了辅导班,可见报辅导班是普遍现象,让孩子背负家教包袱,如图1.3所示。

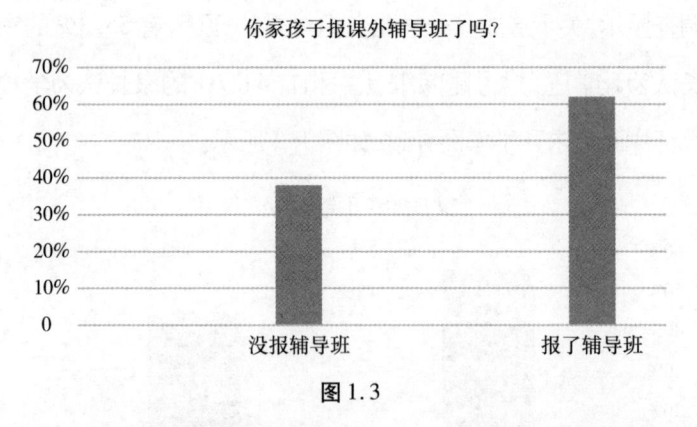

图1.3

从教育的内部因素和教学一线的实际情况调查数据来看(图1.4),学生课业负担重来自学校的因素中,因教学效率不高,作业偏多而引起负担重的约占69%,认为课程设置不合理

的占31%,调查显示主要存在以下几个方面的问题:

你认为孩子课业负担重来自学校的因素是什么?

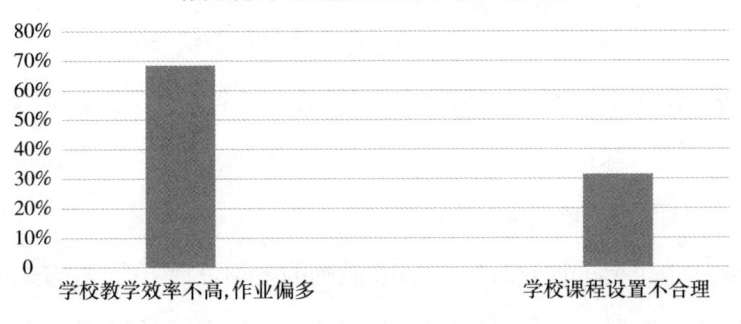

图1.4

第一,教师队伍结构不合理,课程开设缩水,教育理念滞后,教法陈旧,水平不高,创新不够,没有根据自己学生的学情进行有效的教学设计。教龄较长的老师就凭借经验在教学,教学方式严重不适应今天的教学实际情况,一味地灌输式教学,把学生当成接收知识的容器。年轻的教师没有教学经验,就只在备教材,设计教法,没有关注学生的学情,对学生的研究不够,或者认为教学设计与关注学生学情没有多大直接联系,不思考学生的学法,仅仅是在别人已有的课件或者教学设计的基础上稍作修改或不作修改就作为授课素材而增加学生学习的负担。惯用课内损失课外补的办法,应试教育还没有从根本上解决,因教学手段和方法落后而加重学生负担;深入一线不难发现:众多教师挖掘教材不够,对教材的编写意图不明白。年长的教师甚至脱离教材,不用教材。青年教师只是在一味地教教材,而不是在用教材教;备课除了教科书、教辅书、教学参考书加百度外，没有其他任何资料。更多的是在利用一本教辅资料书教学生解题方法，然后大量重复地做题刷题来完成教学任务，把课堂教学中知识的生成过程变成了教资料上的题目的教学，不加筛选，不加选择地完成习题教学任务。对题目的讲解也只是一味地参考答案，不能做到一题多解、一题多变、多题归一，从而增加孩子学习成本。

在实际的课堂教学中，许多教师的教学设计不合理，方式单一，课堂不生动，对学生吸引力不强，导致学生觉得乏味从而厌学，而老师又强迫学生完成学习任务，增加学生过重的心理压力。还有部分教师在课堂上更多的是关注自己的教，而较少关注学生的学习兴趣，学生是否愿学；较少地关注学生的学习意志品质，学生是否勤学；较少地关注学生的学习方法，学生是否会学。教师授课讲得太多太快，对学生的关注面太窄，忽视后进生，给予学生自我学习的时间太少和空间太窄，这会造成学生学习负担过重；教学中过分突出和强调接受与掌握，冷落和忽视发现与探究，从而在实践中导致了对学生认识过程的极端处理，使学生学习书本知识变成仅仅是直接接受书本知识，学生学习成了纯粹被动地接受、记忆和模仿的过程，从而增加了学生的过重课业负担。许多集体备课技术含量不够，停留于统一进度、统一教学设计，而对教材的处理和整合，教学策略的选择，重难点的突破，学情的分析等重要内容没有深入探讨，对教师个体没有产生多大影响。备课管理制度不健全，甚至根本没有管理制度,管理还是凭经验、凭印象。一些学校只在期中、期末或者上级部门要来视导时才检查教案,出现一些教师课后补教案的现象,直接造成课堂教学的随意性,无法保证课堂教学的效率和质量,从而加重学生过重课业负担。

第二,教师对学生学业评价方式单一,忽略了对学困生学习过程的评价,不能做到对学生的综合评价和多元化评价,唯有分数论学习质量。

第三,教师自身水平低下,功利心太强,不能走出教学效率低下、作业繁多的怪圈,唯有时间加汗水,采取题海战术,不加选择地给学生大量布置作业,大量进行训练来换取教学成绩,学生就凭着题海战术,靠背题型来机械地重复训练。只要题目稍加变化,就不会做题目了;老师一讲就会,时间一长就忘了。这也大大增加了学生的学习负担。

第四,教育资源分布不合理,使学生所在地域不同,高考录取分数线就不同,这种教育不公平性是导致学生课业负担重的最为主要的原因之一。

第五,激烈的升学竞争也导致了学校之间的竞争,这种竞争必然会落实到教师和学生头上,教师要拼命地教,学生要更拼命地学。一线教师虽然知道给学生布置太多作业不好,知道学生课业负担重,但是谁也不敢第一个站出来,真正实施"减负"。因为这直接关系到升学率,影响到学校办学影响力,也会引起家长的不满。

事实表明,学生课业负担过重的现象以不同方式、不同程度存在着。给学生带来的危害至深。首先,造成学生身体的危害是极大的,如早晨上学过早,顾不上吃早饭。在校时间过长,精神疲劳,晚上还要完成很多家庭作业,睡眠时间严重不足等。过重课业负担,已经超过了学生的承受能力,严重影响了学生的健康成长。如学生近视率逐年攀升:大中城市的38.4万学生监测结果表明:学生视力不良率达40%,近视率达35%。重庆主城区数据显示,近视率高达80%,我校学生近视率甚至更高。其次,学生课业负担过重,会造成学生巨大的精神压力,从对学习的影响来看,致使部分学生畏学、厌学、逃学,甚至个别学生由于难以承受学习压力,走向绝路。即使强迫学生发挥其身心潜能,经历疲劳战术,也只能学点死知识,导致学生缺乏学习能力和分析问题的能力。这样长时间在生理、心理负担处于满负荷甚至超负荷状态,学生自由支配时间就会减少,与社会脱轨,严重削弱了对学生的思想政治教育,这对学生的成长是一种摧残,会对社会造成破坏性的后果。基于以上原因,《基础教育课程改革纲要(试行)》中提出,要"改变课程实施过于强调接受学习、死记硬背、机械训练的现状,倡导学生主动参与、乐于探究、勤于动手,培养学生搜集和处理信息的能力、获取新知识的能力、分析和解决问题的能力以及交流与合作的能力"。《国家中长期教育改革和发展规划纲要(2010—2020年)》中也提出,"要把教育资源配置和学校工作重点集中到强化教学环节、提高教育质量上来。"另外,学科的核心素养等也对课题研究提出了新的要求。因此,家长和施教者思想观念的转变,教学方式的革新显得尤为重要。笔者以"优化教学设计,提高课堂教学效率,切实减轻初中学生数学过重课业负担"为课题进行研究。

★第二节 研究课业负担过重的理论基础与依据

一、教育学基础

建构主义学习理论认为:世界是客观存在的,但对于世界的理解需要由个人自己去决定。知识的学习是建构内在心理表征的过程,是以自己的经验为基础来建构现实的。学习者并不是把知识从外界搬到记忆中,而是以已有的经验为基础,通过与外界的相互作用来建构新的理解。由于每个人的经验存在个体差异,于是对外界的理解和重新建构也不同。因此知识的学习不但要在课堂教学中通过老师讲解获得,还要求学生必须要在课外实践中获得知识的再次建构,这种建构是无法由他人来代替的。由此发现学习的过程不但包括对新知识、新信息的意义建构,还包括对原有经验的改造和重组。

建构主义理论阐述了学习者学习的自我建构的可能性和重要性。尤其强调了学习兴趣与主动学习的关系,对教学产生了许多新的启示,主要有:学习要贴近生活实际,知道知识来源于生活,而又服务于生活,通过合作学习,使每位同学看到那些与众不同的观点和基础,把原来已有的知识经验作为学习新知识的起点,引导学生从原有认知的基础上生长新经验、新知识,真正发挥教师的主导作用和学生的主体作用。

随着时代的进步,课程改革的不断深入,为优化教学设计创造了真正的学习条件。学生在学习过程中,就会通过合作、实践交流感受到学习的兴趣,收获成功的喜悦,从而提高学习的兴趣,减轻学习的压力;培养学生自主学习、合作学习的习惯,进一步培养学生的创新能力和创造能力。

二、哲学基础

美国实用主义哲学者杜威的教育实践、教育理论和反思性教学理论,尤其是教育理论影响着中国现代教育理论与实践。其中值得借鉴的几个基本点是:教育要与社会相适应,要重视教育对社会的作用;要重视学生的主体地位与主观能动性;要重视学生在做中学,注重学生直接经验的获得,重视发挥学生乐学与会学的关系。杜威的哲学理论、教育理论与反思理论,对完善和发展我国教育科学基本理论,为发现和发展新的教育理论与规律奠定了基础,对原来的教育理论作出新的解释,为完善和发展我国的教育理论体系提供启发,我国教育改革与实践提供进一步的理论指导。

杜威的反思性教学理论认为：反思既有内心的思维活动，又有外显的探究行为。尤其是外显的探究活动意味着反思进入了实践领域，杜威的这一观点得到当今社会的普遍认可，也作为了检验反思性教学的进步性与合理性的理论标准。反思性教学理论还认为：反思需要当事者有很强的道德感和很好的意志品质，因为反思是一种积极的、坚持不懈的和仔细的考虑，往往与自己过不去，是诱发痛苦的行为，缺乏较强的道德感和意志品质的人是很难实现的。反思性教学理论还认为：反思有较强的对象性，消除困惑，解决问题，促进实践合理性是反思的目的，这意味着只有在有问题意识的情境下才能有效地反思。

杜威的教学思想理论为今天的教学设计提供了理论依据，深刻地影响许多教学行为的再现。学生学习方式的改变，教师教学观念的转变，教学行为的革新，从而优化教学设计来减轻学生的课业负担。

三、心理学基础

皮亚杰的认知发生理论：早在20世纪初，皮亚杰创建了一套系统的结构主义的发生认识论，他认为认知发展不是一种数量上简单累积的过程，而是认知图式不断重建的过程，每个阶段有不同的认知功能和形式以及不同质的认知水平，具有恒常性的发展顺序，而且每一个阶段都建立在前一个阶段的基础之上，不能跳越。

伴随课程改革的不断推进，教学设计要考虑学生的认知基础和认知规律，关注学生的学习兴趣和爱好，关注学生的学习意志品质和学习方法。皮亚杰认知理论为学生减轻课业负担而自主学习再次确认了地位、原则和方法。

四、教学最优化理论

巴班斯基教学教育过程最优化的理论认为：要达到教学最优化的目的，就必须分析学生状况和教学任务，明确教学内容，选择教学方法和方式，拟订教学进度，对教学结果加以测定和分析等。要达到最优化的关键：一是分析教材中主要的和本质的东西，确保学生能掌握这些内容；二是选择能有效地掌握所学内容、完成学习任务的教学方法和方式，进行有区别的教学。教学最优化理论阐释了教师教学中备教材、备方法、选择教学方式、因材施教的重要性。

五、金字塔理论

早在 20 世纪 40 年代，美国学者爱德加·戴尔就提出了"学习金字塔"理论(图 1.5)。他用数字形式，形象地展示了采用不同的学习方式，学习者在 24 h 后还能记住(平均学习保持率)所学知识的多少，是一种现代学习方式的理论。

在塔尖，第一种"听讲"，也就是老师在上面讲，学生在下面听，这种最为传统的学习方式，效果却是最差的，两周以后学习的内容只能留下 5%；第二种通过"阅读"方式学到的内容，

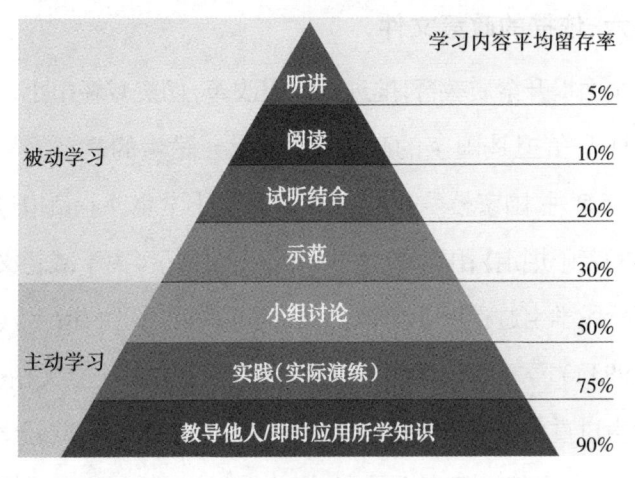

```
               学习内容平均留存率
        听讲
                    5%
        阅读
                    10%
被动学习  试听结合
                    20%
         示范
                    30%
        小组讨论
                    50%
主动学习 实践(实际演练)
                    75%
     教导他人/即时应用所学知识
                    90%
```

图 1.5

可以保留 10%;第三种用"视听结合"的方式学习,可以达到 20%;第四种采用"示范"这种学习方式,可以记住 30%;第五种"小组讨论"可以记住 50%;第六种实践练习"做中学"或"实际演练",可以达到 75%;第七种在金字塔基座位置的学习方式,是"教别人"或者"马上应用",可以记住 90% 的学习内容。

"学习金字塔"的启示:关键在于主动、参与、合作体验的学习态度与方式,这对教师教学观念是一种颠覆,改变教学方式,革新教学设计,创设教学活动与情景是取得更好教学效果的保障。引导孩子学会学习,培养孩子的学习能力,会学了,学习效率就提高了。金字塔理论为教师的教学设计指明了方向和方法,从而为减轻学生学习负担提供了方法引领。

六、依据的政策文件

全面提升素质教育，推进新课程改革，切实减轻中小学生过重课业负担是国家的政策要求，社会民生的需要。早在1988年5月，国家教委颁布了《关于减轻小学生课业负担过重问题的若干规定》；国家教委1993年又发布了《关于减轻义务教育阶段学生过重课业负担、全面提高教育质量的指示》（教基〔1993〕3号文件）；2000年1月，教育部部长陈至立又在《减轻学生过重负担工作电视会议的讲话》中要求，切实减轻学生过重负担，全面推行素质教育；接着教育部又发布了《关于在中小学减轻学生过重负担的紧急通知》（教基〔2000〕1号文件）；2010年3月两会中要求：规范办学行为，切实减轻学生过重负担；2013年9月，为进一步减轻学生课业负担，国家规定小学生在校学习时间不超过6 h；2013年11月，《中共中央关于全面深化改革若干重大问题的决定》提出了标本兼治减轻学生课业负担的要求；2017年8月，国家教育部门又出台文件要求：减轻学生假期负担，禁止中小学集体补课、有偿补课。国务院、教育部先后出台了各种文件来减轻学生过重课业负担的问题，尤其是在2018年2月，教育部、人力资源和社会保障部、工商总局（市场监管总局）、民政部等四部门联合发文，《关于切实减轻中小学生过重课外负担开展校外培训机构专项治理行动的通知》，同年12月，国家部委又联合出台文件，从作业设计要求来减轻学生过重课业负担；2019年两会期间，人大代表再次提交关于"减轻中小学生课业负担"的提案，引起广泛议论，习近平总书记亲自批示：要全面贯彻党的教育方针，坚持立德树人，发展素质教育，坚定不移、稳妥有序地推进校外培训机构规范发展工作，形成校内外协调发展的局面。由此可见，减轻学生学习负担早已引起国家层面、教育部门的高度重视，也先后出台了各种文件或措施，但都收效甚微。至此，减负的重任就应在教师。课堂是教学的主阵地，是提高教育教学质量的关键所在。要提高教育教学质量，我们必须改变现有的这种缺乏生命活力的、僵化的课堂教学模式和陈旧的教学设计来提高教学效益，从而减轻学生的过重课业负担。

七、核心概念的界定

教学设计是在分析教学对象需求与教学目标的基础上，运用现代学习理论与教学技术，并结合学生的认知心理来分析教学过程中的确定性与不确定性，将教学要素有序安排，进一步优化教学问题的步骤和方案，通过评价和学习反馈来检验教学设计方案实施的效果，并在此基础上不断改进的一个系统过程。

优化教学设计是指在教学设计中强调学生的主体作用，主要体现在新知让学生发现，问题让学生提出，过程让学生参与，重难点让学生感悟，知识让学生归纳，学习方法让学生总结，凸显学生学会的同时，更强调学生会学。教学设计时抓住教学目标和所需整体布局，设计几个板块，不预设细节，以因课堂生成而精彩,因精彩而有效为目标导向,给课堂生成留足空间而不同于以知识传播为价值取向的教学预设,是一种宽容偶然性和突发性,促成多样性和创造性的预设,可以大大提升教师和学生享受教学生成的愉悦,而且有积极的情感高峰体验。不用过于精细化的设计来征服和捆绑学生的思维与想象力,扼杀课堂生成。

所谓减轻初中学生数学过重课业负担,概括地说,就是以初中数学学科为例来减轻初中学生过大的心理压力,避免因学生被动接受知识而过多地重复训练,提高学生的学习兴趣,还学生以宽松、自由、自主的学习,使学生学得主动、积极、高效,从而还学生以健康全面的发展。让学生以轻松愉悦的状态主动去学习知识或者从课堂中带着满腔热情去继续探究的一种学习模式,而不是带着机械重复训练的作业丧失继续深入思考的兴趣,失去学习其他知识的机会,强调从课堂的教学中要效益。

相关概念的界定如下:

课堂教学是把年龄和认知水平相同或相近的学生编为一个集体,教师按照固定的时间表,遵循教学规律,以课程标准和教材为载体,引领学生在课堂上积极主动地完成教学计划和教学任务,实现教学目标的活动形式。

"初中学生课业负担"指的是初中学生因为"题海战术"和"满堂灌"而担负的责任、履行的义务和承受的学习上的心理和生理负担，而我们现在所说的减轻初中学生的课业负担，实际上是要减去学生因为老师的教学设计不完美而被动地学习知识，学生缺乏学习的主观能动性造成因学得不够深入而似懂非懂，靠"题海战术"或"课内知识课外补"，超出学生所能承受的量或限度的那一部分，不求同步发展，力求每位学生都有所发展。即提高课堂教和学的有效性，教学设计的开放性，减少学生课外补充学习的量，增加学生休息的时间和空间，让学生在幸福快乐的氛围中有成就感，并不是放任学生不完成课业任务。

"实践探索"指的是结合学生的学情，在教学实际中进行试验，适时思考和总结，由实践上升到理论高度；反过来，用理论来指导教学实践，不断更新实施措施和手段，减轻学生课业负担与教学实效两不矛盾。

★第三节　文献综述

一、国外研究综述

比起国内研究文献来说，国外研究学生减负的文献相对多一些，这些研究既有论文专著，也有法律法规、政策研究等。其中与本研究有关的西方教育家夸美纽斯早在1632年就提及改进学校课堂教学问题。他在论教学原则时指出：教学要遵循直观性原则、循序渐进性原则和巩固性原则；要遵循主动性与因材施教的原则。到了20世纪初期，苏联教育学家巴班斯基就提出了教学最优化理论，他指出，要更完善地描述教学过程的"各组成部分"和提高教学效果的措施体系。在此基础上探讨"教学教育过程最优化"的方法；既能提高教学效率，又能防止过度消耗教师、学生的时间和精力。

二、国内研究综述

我国古代《学记》一文中就有如何提高课堂教学效率的萌芽。近年来，由于减负提质的呼声越来越响亮，以及新课程改革发展的需求，各种形式的减负措施日趋完善。致力于同课题的研究也有很多，诸如河南省教育科学"十三五"规划2016年度课题(2016)JKGHB-1056"浅谈学校减轻中小学生课业负担的策略研究"，主要从提高认识、评价制度、节假日按要求休息、严格执行课程标准、提升教师素质等方面来减轻学生负担。2014年9月渭南市电化教育馆批准的，王会芳主持的课题"信息技术环境下减轻中小学生课业负担过重的实验研究"，主要从教师的施教策略出发，提高课堂教学效率，打造高效课堂，减轻学生的课业负担进行系统性研究，形成了"三主四段"课堂模式。三主即教什么，教给谁，怎么教；四段主要是把课堂教学分为四个阶段进行了研究。不难看出，大致都是从减轻学生作业量、优化作业设计、提高课堂教学效果、改革课程设置、改革评价机制、利用现代教育手段、提高教师施教水平来进行减负。就我校而言：已经开展区级课题"中学数学高效课堂模式对比研究",该课题以学生自主学习为主线,以目标教学为基础,吸收借鉴昌乐二中"271"高效课堂模式、"杜郎口经验"、"尝试教学"、"洋思模式"和"尝试指导——效果回授"的教学思想和理论精髓。深入分析、反思当前我区课堂教学存在的问题,积极探索总结高效课堂的主要特征、基本环节和基本模式,努力构建起具有我区自身特色的高效课堂教学全新模式,提升课堂教学效益,解决当前课堂效益较低的实际问题,逐步建立和完善具有广泛推广意义的中学数学高效课堂教学新模式。取得不少宝贵经验,并付诸实施,效果显著。尽管之前也有不少一线教师和教育家对此课题提出了很多意见或改进措施,但很少有人从优化教学设计入手,就减轻初中学生过重课业负担进行研究。本课题将结合具体的教学实例来验证这一新型的教育教学模式。

✹第四节 研究的创新

立足当前实际情况,以学校作为本课题研究的具体环境和单位,从学校的教学管理、施教者和学习者这三个方面展开研究,切实减轻学生过重课业负担。该课题重心是在找到提高课堂教学设计的有效性的具体方法和途径。终极目标是践行新课程教育理念,实际表现为学生过重课业负担的减轻。经过本课题的研究,有效地解决课堂教学普遍低效的问题,形成一套提高学生学习效率的教学设计模式。同时能够增强教师的科研意识,提高教师的理论水平和科研能力。更能调动广大教师研读课程课标,挖掘教材知识体系,融合学科知识内在联系的积极性。营造适合学生进行有效学习的大环境,形成一套符合教育发展规律,符合学生心理特点的理论体系,最大限度地发挥学生的潜能,为学生的终身发展打下良好的基础,也为教育同行提供了适合减轻初中学生课业负担的内容、方法和途径。将相关研究成果转化成校本课程资源,实现资源共享。

一、研究的创新之处

(1)构建减负提质的课堂教学独特的设计模式,对初中所涉及的课型教学设计进行统摄性的研究,从而规范教学设计,提高教学设计针对性和有效性。能够进一步丰富新课程标准与实践,推动新课程理念的纵深发展。

(2)形成减负提质的内容、方法和案例研究,为学科教师减负提质提供操作要领和技术支撑,开发新课程资源,对初中数学教学内容进行全面整合、学科融合。让学生在轻松愉悦的状态中,带着浓厚的学习兴趣进行全面的学习,从而提高学生综合素质。同时也为类似的薄弱学校开辟一条发展的新思路。

二、研究的适用范围

(1)适用于指导基层教师课堂教学实践。

(2)适用于办学管理者更新办学新思路和新模式。

（3）适用于理论研究者作为来自一线的经验参考，进一步验证理论。

✲第五节　研究的主要问题

《中共中央、国务院关于深化教育改革全面推进素质教育的决定》明确指出："减轻中小学生课业负担已经成为推行素质教育中刻不容缓的问题，要切实认真加以解决。"2018年两会报告中也明确指出："把教育放在优先发展的位置，加快教育改革的步伐，优化教师素质，提高教学效率，减轻学生课业负担，全面实施素质教育。"可见党和政府一直十分重视中小学生的健康和学习，坚决纠正加重学生负担的不当做法。课程标准的基本理念："课程内容要反映社会的需要、学科的特点，要符合学生的认知规律；课程内容的选择要有利于学生的体验和理解，思考与探索；课程内容的组织要重视过程，要重视直观，要重视学科素养的渗透，注重学生的终身发展。"但在实际教学中，还存在以下几个方面的问题：

（1）对学生学情和课业负担的成因尚不清楚。

（2）对减轻学生课业负担的策略、方法、途径和模式缺乏系统的指导。

（3）对如何提高学生的学习兴趣、主动性以及家校共育的原则和方法引领措施不足。

基于以上分析，我们决定以减轻初中学生课业负担的实践探索为课题来研究。并辅以具体的实际例子，来生动地体现课题研究的方法和策略在实际教学中是如何发挥良好作用的。探索出适合初中学生学习的方法和原则，从而提高学生学习的兴趣和学习能力。提出一些可行性的建议，以期能够更全面、更科学地指导教师的实际教学工作。

✹第六节　研究的主要内容

正确认识"减负"的真正内涵，只有全面、深刻地理解减负的精神实质，才能有针对性地根据不同学生的实际情况，研究出切合学生需要的课堂教学模式、教学方法和施教措施，并切实加以落实，达到研究的目标和体现研究的价值。

研究学生的学情和课业负担形成的原因，主要包括：

1. 学情研究

通过问卷调查、交流谈话了解学生的认知基础，学业负担情况，每天的学业时间等，并进行分析。

2. 成因分析

内因，调查分析学生的学习态度和能力，形成调查报告；外因，调查产生过重负担的因素并形成报告。

对教学和现状进行调研，形成课例报告，征求同行更多的意见。

对现行教学内容的设计进行研究,对教材内容进行整合,对学科知识进行融合。形成校本课程资源,教学研究论文,征得更多更全的建议。

对如何提高学生的学习兴趣和主动性的可行性建议,对家校共育的原则和方法性指导进行研究,形成实践研究报告。

✹第七节　研究的思路和方法

一、研究的视角与途径

研究的整个过程定位:研究、学习、实践这三者相结合,以学生终身发展为目标,以教材为载体,以课堂教学为主渠道,以提高课堂教学质量为核心,以助推教师施教水平提升和专业化发展为重点,探索适合学生自主发展的课堂教和学的模式。严格按照研究的要求上课,大胆实践,针对所研究的内容,写好阶段性研究计划;作好阶段性专题汇报;上好阶段性研究课,写好阶段性研究总结;展示阶段性研究成果;积累研究资料,撰写研究论文,达到过程化管理的目的。

二、研究的方法

为保证教学研究的有序推进,将把减负研究和学校教学研究有机地结合起来,互为平台,采取的主要研究路线图,如图1.6所示。

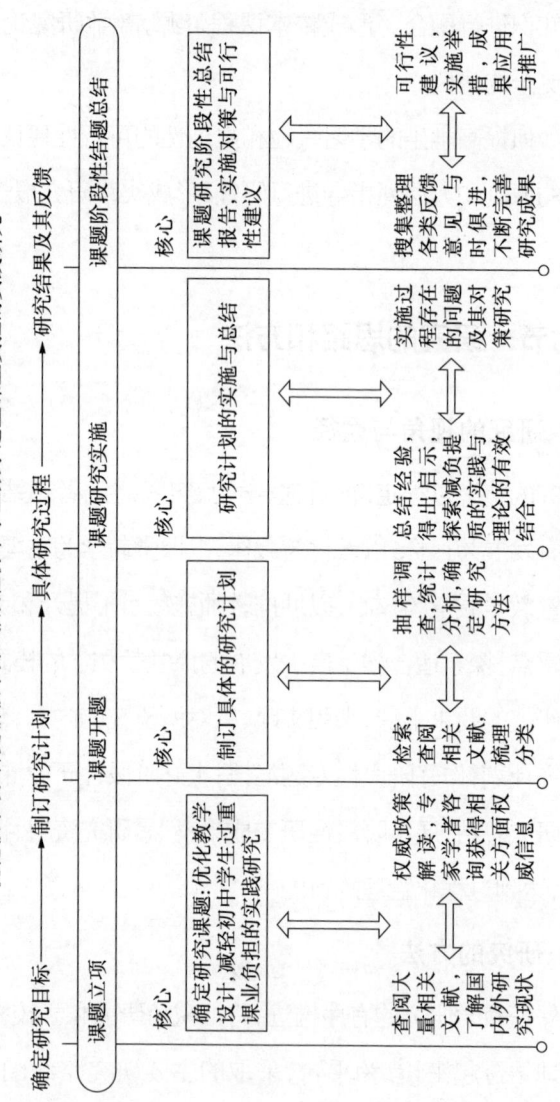

图 1.6 课题研究的技术路线图

确定研究目标 → **制订研究计划** → **具体研究过程** → **研究结果及其反馈**

课题立项	课题开题	课题研究实施	课题阶段性结题总结
核心	核心	核心	核心
确定研究课题：优化教学设计，减轻初中学生过重课业负担的实践研究	制订具体的研究计划	研究计划的实施与总结	课题研究阶段性总结报告，实施对策与可行性建议
查阅大量相关文献，了解国内外研究现状 ⇄ 权威政策解读，专家学者咨询获得相关方面权威信息	检索、查阅相关文献，梳理分类 ⇄ 抽样调查，统计分析，确定研究方法	总结经验，得出启示，探索减负提质的实践与理论的有效结合 ⇄ 实施过程存在的问题及其对策研究	搜集整理各类反馈意见，与时俱进，不断完善研究成果 ⇄ 可行性建议，实施举措，成果应用与推广

配合采用以下研究方法：

1. 调查研究法

研究人员深入课堂，切身体验，亲近学生，通过与教师进行交流和问卷调查等形式，对课堂教学情况进行详细的调查，了解现状以及形成现状的原因，为研究提供依据。

2. 行动研究法

对要研究的问题进行实践，形成实践模式。对教学的具体操作步骤、方法进行必要的实践。

3. 案例研究法

案例研究法（又称个案研究法）跟踪某一个或者几个具体的教学研究活动，进行深入细致的研究，通过案例分析来研究课堂教学行为的一般规律，探索有效教学行为的基本策略。

4. 经验总结法

定期召开专题研讨会、经验交流会，邀请专家指导，总结研究中的经验、策略及方法，指导今后的教学。

5. 文献研究法

文献研究法是指搜集和分析各种现有的有关文献资料，从中获取相关信息，从而达到某种调查研究目的的方法。要针对研究的实际，多读文献，广泛积累，作比较，找创新，寻亮点，从而找到研究的视角和途径。

第二章 减负研究的实践理论

★第一节 重庆市渝北区中小学生课业负担调查报告

一、调查背景

中小学生课业负担过重是我国中小学教育长期存在的且久治不愈的顽疾。针对中小学生课业负担过重的问题,早在1988年5月,国家教委颁布了《关于减轻小学生课业负担过重问题的若干规定》;国家教委1993年又发布了《关于减轻义务教育阶段学生过重课业负担、全面提高教育质量的指示》(教基〔1993〕3号文件;2000年1月,教育部部长陈至立又在《减轻学生过重负担工作电视会议的讲话》中要求,切实减轻学生过重负担,全面推行素质教育;接着教育部又发布了《关于在中小学减轻学生过重负担的紧急通知》(教基〔2000〕1号文件)。2010年3月两会中要求:规范办学行为,切实减轻学生过重负担;2013年9月,为进一步减轻学生课业负担,国家规定小学生在校学习时间不得超过6 h;2014年2月,《中共中央关于全面深化改革若干重大问题的决定》提出了标本兼治减轻学生课业负担的要求;2017年8月,国家教育部门又出台文件要求:减轻学生假期负担,禁止中小学集体补课,有偿补课。国务院、教育部先后出台了各种文件来减轻学生过重课业负担的问题,尤其是在2018年2月,教育部、人力资源和社会保障部、工商总局、民政部等四部门联合发文,《关于切实减轻中小学生过重课外负担开展校外培训机构专项治理行动的通知》,同年12月,国家部委又联合出台文件,从作业设计要求来减轻学生过重课业负担。尽管国家也出台了各种文件和措施,也进行了巡查和监督,但在家长过高的期望值和过重的应试背景下,减负难度重重,很多时候都是流于形式,效果不明显。据中国青少年研究中心数据统计,中小学近90%的学生睡眠严重不足,正常上学期间学习任务重,假期休息期间课外补习任务繁重,对学生身心发展的影响不言而喻。不仅如此,对大中城市义务教育阶段家庭教育支出情况的调查发现,我国家庭教育支出情况约占家庭收入的35%,而课外补习费用又约占家庭教育支出的 77%。目前我国中小学生课业负担过重问题一直没有得到解决,这一切引起了社会的广泛关注,严重影响了未来公民素质的全面提高。

二、调查目的

了解辖区中小学生课业负担的情况,分析课业负担过重的成因。为制订科学合理的"减负提质"措施提供数据,同时也为研究提供有力依据。

三、调查对象

重庆市松树桥中学校初中部全体学生,重庆市渝北中学初中部全体学生,重庆两江新区天宫殿学校初中部以及小学部全体学生,调查学生数量达 5 000 余人。

四、调查方式

本次调查采取全面问卷调查,主要是重庆松树桥中学和渝北中学全体学生、两江新区天宫殿学校选择初二年级所有学生,以及小学部随机选择的四年级、五年级和六年级所有学生,都是发问卷填写,并当场收回。共发问卷 5 275 份,收回有效问卷 5 270 份,收回率达 99.8%。

五、调查时间

2018 年 10 月 10—15 日。

六、调查内容

(1)学生的课外作业情况。

(2)教辅资料订购情况。

(3)课间休息情况、午间休息情况。

(4)双休日补课情况。

(5)家庭作业托管情况。

(6)家庭为其学习请家教情况。

(7)学校考试安排和成绩公布情况。

(8)晚上休息情况。

此次问卷共向学生提出了24个问题。

七、调查结果与分析

(一)各种调查结果汇总分析

1. 学生课外作业情况

不同年级的学生认为课外作业负担严重程度不一样。四年级、五年级和六年级学生认为作业多的占比分别是71%,78%和81%。大多数学生认为作业主要是来自学校的大量重复抄写。另外,四年级、五年级和六年级学生认为除学校布置的作业外,另外有来自家长布置的作业占比分别是18%,17%和31%。松树桥中学初二年级、渝北中学初二年级、天宫殿学校初二年级学生认为作业较多的调查占比分别是97%,96%和98%。松树桥中学初一年级、渝北中学初一年级学生认为作业较多的占比分别是98%和99%。各校初一年级、初二年级和初三年级来自家庭布置的作业各占11%,13%和9%。

2. 教辅资料订购情况

从调查结果统计看,教辅资料主要来自家长代购、老师推荐,还有部分学生是自己购买。语、数、外每门学科购买 2~3 本的占比分别是 56%,97% 和 88%。购买数学资料的占比明显偏高。

3. 课间和午间休息情况

不同年级,学生课间和午休时间的安排也明显不同。四年级、五年级、六年级、初二年级学生能够正常休息的占比分别是 1%,4%,7% 和 23%。松树桥中学和渝北中学初一年级和初三年级学生能够正常休息的占比分别是 19% 和 78%。其余学生约 60% 在完成老师布置的作业,还有约 21% 的学生在按照学校规定参加课辅,另有 19% 的学生被老师单独辅导。

4. 双休日补课情况

双休日参加补习情况比较严重。小学四年级、五年级和六年级周末参加补习的占比分别是 28%,70%,90%。其中,主要是语文、数学和英语。参与数学学科补课的占比最高,主要是奥数、小升初衔接课。其中有 97% 的学生都是在培训机构参加补习,另有部分学生请家教补习。初中部一年级、二年级和三年级参与周末补课的人数占比分别是 43%,78% 和 80%。主要学科有数学和英语,其中数学最多,占周末补课总数的 60%。初二和初三有补习物理和化学,占比分别是 34% 和

20%。很明显,周末增加理科学习负担重于文科学习负担。

5. 家庭作业托管情况

从调查情况看,参与家庭作业托管的主要是小学生。小学四年级、五年级、六年级参与作业托管的占比分别是43%,34%和12%。托管的主要原因是孩子学习没人管理,部分学生是为完成作业而托管。初一年级、初二年级、初三年级作业托管占比分别是10%,2%和0.5%。

6. 家长为孩子学习请家教情况

从家长为孩子学习请家教情况分析,主要是初中学生。小学四年级、五年级、六年级有请家教的占比分别是3%,2%和1%。初中一年级、二年级和三年级学生请家教的占比分别是10%,11%和21%。其原因主要是为孩子辅导家庭作业,还有部分是因为升学压力,孩子学习成绩不好,查漏补缺。

7. 学校考试安排和成绩公布情况

在对学生每学期考试情况调查中可以看出,除了期中、期末考试外,还有月考、周考和各种小测验来检测学生的学习情况。而每次大小考试后,班级和年级基本上都要公布成绩和名次。

8. 晚上休息情况

学生睡眠情况调查统计:四年级有78%的学生睡眠在8~9 h,21%的学生睡眠在6~7 h,1%的学生睡眠不足6 h。五年级有80%的学生睡眠在8~9 h,18%的学生睡眠在6~7 h,2%的学生睡眠不足6 h。六年级有70%的学生睡眠在8~9 h,17%的学生睡眠在6~7 h,13%的学生睡眠不足6 h。初一年级有21%的学生睡眠在8~9 h,68%的学生睡眠在6~7 h,12%的学生睡眠不足6 h。初二年级有43%的学生睡眠在8~9 h,17%的学生睡眠在6~7 h,40%的学生睡眠不足6 h。初三年级有8%的学生睡眠在8~9 h,31%的学生睡眠在6~7 h,61%的学生睡眠不足6 h。可见,小学生睡眠基本都在8 h,初中生近一半睡眠不足。

(二)应对措施建议

1. 建立"减负提质"的制度

加强教学常规管理,学校要充分地认识到制度管理是落实"减负提质"要求的保障。因此,建议大部分学校通过完善管理制度,强化制度执行,确保"减负提质"目标的实现。另外,建议学校建立一整套保证教学质量目标达成的制度,保障教学工作有章可依、进展有序。

2. 优化教学设计,提高教学的有效性

学校为减轻学生课业负担,从规范教师教学常规管理入手,开展教学设计实践研究,从而探索控制作业总量的方法和途径,在可行性和有效性方面提供一些实践经验。

3. 开展考试命题研究,实施综合学业评价

学校应重视考试命题管理,力求建立科学有效的考评机制,发挥考试(对学生学科学习、教师日常教学)的导向作用,避免教师过度挖教材和拓展教学内容而增加学习负担。

4. 丰富校本教研内涵,提高课堂教学效益

校本教研是教学研究的主要载体,是教师实现专业发展的主要途径,也是提高课堂教学质量,从源头上减轻学生过重课业负担的关键。为此,建议积极开展校本教研。

5. 加强宣传,形成家校合力

通过家长委员会、家长会、家长开放日或家长接待日宣传"减负提质"工作的意义;提高家长对"减负"的认识,以取得家长的理解、支持与配合。

6. 加强学困生辅导,关注全体学生

本着不让一位学生掉队,为了全体学生全面健康发展的理念,采取一系列措施,利用课余时间为他们补缺补差。

(三)课业负担过重的成因分析

1. 从社会和家长角度分析

从社会和家长因素看:一是社会、家长推波助澜,是造成学生课业负担过重的外部原因。家长往往把残酷的社会竞争过早地转嫁到孩子身上,已经由过去单纯的学校行为演变成学校

和社会的双重行为。社会对办学质量的好坏判断唯有升学率评价，增大了师生的压力。二是家长对独生子女的期望值过高，望子成龙、盼女成凤心切，家庭之间攀比心加剧，导致学生压力加大；三是学校在减负的同时，家长在努力"增负"，教育培训机构大肆炒作升学率、高考状元、名校择校等，家教风愈演愈烈，让孩子背负家教包袱。现在的学生绝大部分是独生子女，家长的一切希望都寄托在孩子身上，家长在传统理念主导下，以不输在起跑线上为支撑点，以能够进入优质初级中学、示范性高中、重点大学，乃至找到理想的工作为目标。因此，当孩子进入小学后，就不断在学业负担上为其加码。调查发现，主要存有以下三个方面的原因。

第一，家长对孩子的期望值过高，总希望自己的孩子不要输在起跑线上，可以在任何方面都超越别人。这样苦的是学生，使得他们双休日两天更加忙碌，要么在家做作业，要么就是参加各种语、数、外提高班或者艺术类兴趣班。

第二，家长自主为孩子安排学习。不管孩子愿不愿意，家长依然为孩子购买不少教学辅助资料，让孩子在没有课外作业或已完成课外作业后继续做。在调查中可以看出，随着年级的增高，家长留给自己的课外作业占的比重也越来越大。这样学生不仅承受着来自学校、教师的压力，回到家中还要承受父母给予的压力。

第三，家长总是拿其他孩子与自己的孩子作比较，在严格要求中施加压力，还以父母付出的心血、花去的费用为由责备孩子。许多学生都在调查中写道："请妈妈不要再拿我跟别人比较""父母给予的压力太大了，喘不过气来""我讨厌爸妈每次说到别人家孩子就一脸羡慕，说到我就恨铁不成钢的表情"等。也许作为父母没有察觉，但这无形中给孩子增加了许多心理压力。

2. 从教师的角度分析

教师起到传道授业解惑的作用，在学生的学习、成长过程中占有很大程度的比重。一个学生的健康成长得益于教师的良好教学。而教师一些不恰当的言行则可能给学生更大的压力与消极影响。

（1）教师教学水平的差异决定了学生负担的轻重，优秀教师课堂教学的效果好、学生又喜欢，作业完成的速度快，正确率又高。而那些教学水平低下的教师，课堂教学的有效性较差，又习惯于传统式教学，学生的学习效率低下，就热衷于"课内损失课外补"。不断地补课，大量作业的布置，增加了学生的负担。

（2）教师在教学中，拖课现象也十分严重和普遍。对于小学生而言，一节课 40 min，教师就应该在备课时好好分配时间。在小学做调查时，从四年级到六年级，每个年级都有前一节教师拖课的现象。更有甚者，这节课教师刚拖课下课，下节课的教师又进了教室,导致学生都不敢下位走动。教师如果能够掌握好每节课的时间与节奏,则会提高上课的效率。

(3)教学设计陈旧,创新不够。没有根据自己学生的学情进行有效的教学设计,只备教材,设计教法,不备学生,不思考学生的学法,仅仅在别人已有的课件或者教学设计的基础上稍作修改或者不修改便作授课素材而增加学生的学习负担。

(4)教师挖掘教材不够或者脱离教材,只是在一味地教教材,而不是在用教材教;备课除了教科书、教辅书,教学参考书再加百度外,没有其他资料。更多的是在利用一本教辅书教学生解题方法,然后大量重复地做题刷题,靠题海战术,死背题型完成教学,增加学生学习成本。

(5)教师在课堂上更多的是关注自己的教,而较少关注学生的学。讲得太多太快,对学生的关注面太窄,忽视后进生,给予学生自我学习的时间太少和空间太窄,造成学生学习负担过重。

(6)过分突出和强调接受与掌握,冷落和忽视发现与探究,从而在实践中导致了对学生认识过程的极端处理,使学生学习书本知识变成仅仅是直接接受书本知识。学生学习成了纯粹被动地接受、记忆和模仿的过程,从而增加学生的过重课业负担。

3. 从学生的角度分析

当代学生处于信息化时代，很容易接受新鲜事物。学习的方式方法很多，特别不喜欢陈旧的学习方法束缚自己的学习。对大量机械重复的训练作业只能是强迫自己应对，久而久之，学生厌倦，导致厌学情绪越来越严重。

4. 从作业评价的角度分析

目前，课程计划中对学生课业负担还没有一个科学合理的评价标准和具体要求，仅仅是重视作业数量而忽视作业质量，教师布置家庭作业的量绝大部分凭感觉。而且，一些学校学科教师之间缺少沟通，导致作业量不协调，多个学科的课外学习量合并起来就是一天的学习课程，从而增加了学生的负担。

八、调查体会与建议

笔者所调查的学校是一所公办的九年制学校和两所高完中，规模都较大。在各项调查中我们不难发现，小学的学生压力并不是很大，或者说，没有我们想象的那么大。无论从课业压力、睡眠时间、课外补习等方面，学生从四年级到六年级的压力都不是特别大。而初中学生的调查结果显示，普遍任务较重。但是不能排除学生对我们提出的问题的理解程度不同。有些学生会本着一种积极的态度，将实事缩小。也有的学生在回答问卷时，由于读题速度过慢，会依赖性地看着身边人的答案填写。所以这样的结果也有些不准确。而且在压力较小的大背景之下,也有小部分的人认为压力较大,承受了来自作业多、课外补习班时间长、睡眠时间短等方面的压力。尤其是六年级的学生,面对即将到来的小升初,家长、教师都会更加注重他们的学习。针对中小学生面临的课业压力,简略提出以下对策:

1. 改革课堂教学方法,提高教学质量

课堂教学是学生学习的主要方式,教师的教学效果直接影响着学生的课业负担情况。不断提高教师专业素质,改变教学方式和提高教师教研能力,引导学生主动参与、探究发现、交流合作,引导学生勤奋学习,激发学习兴趣,提高课堂教学效率。

2. 合理布置作业是"减负"的有效途径

问卷中虽然只有少数学生的作业超量,但问题还是比较大,教师应优选作业,讲究作业的质量和科学性,同时布置作业最好采用分层的方法。避免各科作业数量竞赛,加重学生学业负担。

3. 学校、教师、家庭搞好配合,共同减负

学生既是学校的学生,又是家长的孩子。作为学校,要严格执行规章制度、作息时间;作为教师,不超量布置作业,不随意考试;作为家长,要有颗平常心,真正尊重孩子,关心孩子。不要造成孩子过重的心理负担和学习负担。只有学校和家庭加强沟通,共同遵守教育政策法规,齐心协力减负,才能使学生身心健康得到发展。

4. 家长教育孩子的方式的改进

很多家长都本着"望子成龙,望女成凤"的心态来培养孩子,这其实只会在无形中给孩子增加更大的压力。不要对孩子提过分要求,相对轻松的环境更能激发孩子学习的热情。另外,不要总拿别人家的孩子与自己的孩子作比较。这样不仅打击孩子的自尊心、自信心,同时也会对家长产生疏离感。

★第二节 关于英语"学困生"的调查研究

初中英语教学中两极分化现象严重,出现许多英语学习困难生(以下简称"学困生")。学困生的出现,对教学工作影响较大,也增加了学生流失的可能性,严重影响了素质教育的发展和民族素质的提高。因此,探讨学困生现象,找到解决问题的方法,对我们的工作具有重要的意义。为了探寻大量英语"学困生"产生的根源,笔者拟定了以下几个问题,调查了本校初三年级中所谓的学困生80名。

问题一:你对英语有兴趣吗?

问题二:你与英语老师的关系如何? 老师随时关注你学英语没有? 父母怎么关心你呢?

问题三:老师亲自教你读过英语吗? 你有录音磁带吗?

问题四：老师常与你进行口语交际训练吗？上课时老师如何指导你记单词和记笔记呢？

问题五：老师如何督促你完成作业？严格吗？

在被调查的 80 名学生中，调查结果有着惊人的雷同。

答案一：有 75 名学生对英语根本不感兴趣，5 名学生对听得懂的东西可按照老师要求去写作业。

答案二：有 70 名学生与英语老师的关系疏远，老师从不知道他叫什么名字，也没有单独过问；有 10 名学生与老师认识，但没有说到学习上的问题，80 名学生的父母不能辅导英语，只要求他们不懂就问老师。

答案三：有 15 名学生被老师亲自教读过单词，65 名学生从没有被老师教过，80 名学生没有磁带。

答案四：有 10 名学生曾与老师进行过口语训练，70 名学生从未直接和老师开口对话，10 名学生受过老师指导作笔记和记单词，其余学生全凭自己努力自由发展。

答案五：有 40 名学生可在老师强调后交作业，其余学生曾交过 3～5 次作业，但缺交也没有受罚。

分析一：第一种调查结果表明，"学困生"绝大多数对英语根本不感兴趣，极少数学生仅凭自己的感觉被动地学习，这种现象迫切要求老师及时加强学生对英语学习兴趣的培养，要求英语老师通过积极动员引导和灵活多样的活动方式，让学生们都乐意加入学英语的行列中，主动练习和完成老师布置的作业。如果老师忽略了对学生学习兴趣的培养,学生就会因为死记单词枯燥和不会拼读而产生厌烦情绪,长此以往,就失去了学习兴趣。

分析二:第二种调查结果表明,大多数英语"学困生"与英语老师的关系是疏远的。由于与老师的关系疏远,老师不知道学生的姓名,又不能回答问题,所以,老师就会认为没有提问他的必要而忽略学生,只要学生自己不提问,老师几乎不会单独去过问。至于大多数学生父母,由于受自身文化水平的制约,根本不能辅导孩子学习英语,只好把学习英语的重任全盘托付给老师,要求孩子主动找老师请教。所以孩子就任性地玩乐,学习早已逃脱父母和老师的视野,这样他们就很难学好英语。

分析三:第三种调查结果表明,只有少数学生被老师单独辅导过,他们会因为老师的指导和告诫进行有的放矢的学习和巩固,学懂英语。但大多数学生因未被老师单独告诫而自由发展,所以只能学到多少算多少,还有绝大多数学生只有上课听老师读英语的机会,没有复习听力的录音设备,所以只能顺其自然。

分析四:第四种调查结果表明,由于只有少数学生与老师亲口进行过口语训练,体验过学习语言之乐趣。其余学生只能靠耳朵听,学着哑巴英语,不具备个人开口说英语的能力,老师也很少与他们进行口语交流尝试。至于如何做笔记和单词记忆技巧,也只有少数学生受过老师指导,他们才知道择要点而记,创新学法去积累更多的单词,其余学生也就只能凭天赋自由发展。

分析五:第五种调查结果表明,只有一半的学生能自觉地按时完成作业,剩下的一半需要老师严格要求和加强督导,才能完成作业。所以为了全面提高教学质量,调动学生学习英语的积极性,教师必须严格要求学生按时完成作业,并及时地批阅和检查,及时给学生提醒和指出学习中存在的问题。才能让学生有所觉悟,学有所识,才能确保学生不断地进行对知识的学习和巩固,提高学习效率。

综合以上分析,英语学困生特别需要老师培养学习兴趣,探究学习方法,强化辅导,精心指点记录学习笔记。多让他们听录音,开展口语交流对话,加强作业训练,及时收查学生作业,进行及时指导、提醒,给予全面的、细致的辅导,才能使他们树立学习信心。培养学习兴趣,找到科学的学习方法,才能让他们逐步感到成功的喜悦,摒弃自卑,为他们的健康发展注入必胜的信心和勇气。

✹第三节 在新课程改革的背景下思考学生创新能力的培养
——听三堂公开课时引发的思考

新一轮的课改带来了新的契机,新课程的实施对教学提出了更高、更新的要求。我们党的教育方针以及素质教育理论为新课程改革提出了具体的要求,党的教育方针是:教育必须为社会主义现代化建设服务,必须与生产劳动相结合,培养德、智、体、美、劳全面发展的建设者和接班人,关于素质教育,在我国颁布的《关于深化教育改革,全面推进素质教育的决定》中是这样表述的:"实施素质教育,就是全面贯彻党的教育方针,以提高国民素质为根本宗旨,以培养学生创新精神和实践能力为重点,造就全面发展的社会主义建设者和接班人。"这一表述不但廓清了素质教育,而且把培养创新精神和实践能力视为素质教育的关键。因此,在新课程改革下,更要注意学生创新能力的培养。那么,应如何培养学生的创新能力?

一、教育观念的转变

观念决定行动,要培养学生的创新思维能力,必须要先更新教育思想和教育理念,先进的教育思想和教育理念是培养创新能力的前提条件。

古人曰:"师者,所以传道受业解惑也。"这是古代教师的职能,现在的教师也应迅速地转变观念。在新课程中,教师视野中的学生应该是一个发展的、完整的、独特的、多元的生命个体,是最终走向社会的人,是自己成长的主人。教师要摈弃以我为主的教学模式,确立学生作为学习主体的地位,使他们真正成为学习的主人,多一些启发少一些灌输,多授些渔少授一些鱼,多一些倾听少一些讲解。让学生自己在学习的舞台上思考、讨论、归纳、质疑、发问……

例如:笔者在听一个语文老师上《迢迢牵牛星》时,有的学生提出了一个疑问:诗前两句说:"迢迢牵牛星,皎皎河汉女。"意思是牵牛星和织女星相隔遥远,而后面又说"河汉清且浅,相去复几许",这不是矛盾了吗？老师及时抓住这个时机,让学生发表自己的看法。有的学生认为,两颗星的确相距很远,但两颗相爱的心却始终相依相伴,在他们看来,这"河汉"也就"清且浅"了;有的学生认为,"那浅浅的天河,定然是不甚宽广,那隔河的牛郎织女,定能够骑着牛儿来往"。只是郭沫若美好的愿望,咫尺之间,却又是相隔天涯,无法相聚,只能等待一年一度的重逢。世界上最遥远的距离,不是我就站在你面前却不知道我爱你,而是明知彼此相爱却不能在一起,这种无奈才更令人"泣涕零如雨",才能更加让人刻骨铭心。在这样的讨论中,还给了学生一个个性自由的时空,使教学过程成为认知加深的过程,成为创新能力发展的过程。

二、营造良好的创新教育氛围

要培养学生的创新能力,就要积极营造一个良好的大环境,便于学生在自由发挥,在勇于创造的氛围中进行创造性学习。美国心理学家罗杰斯提出,有利于创造活动的一般条件是心里安全和心里自由。他说:"学生只有在紧密、融洽的师生关系中,才能对学习产生安全感,并能真实地表达自己,充分地表现自己的个性,创造性地发挥自己的潜能。"因此,教师要俯下身子,去倾听学生的心声。哪怕学生提出的是琐碎而有没有经过思考的问题,或者是突发奇想的"怪论"。教师也不应该加以指责,即使是错误的观点也得在精神上加以肯定,然后再共同分析不合理的原因,让学生自悟自醒。

例如:在引导学生学习《项链》时,说课文提示一开始就把主人公玛蒂尔德定性为小资产阶级妇女形象,并把主题思想分析为尖锐地讽刺了虚荣心和追求享乐的思想,同学们认同这些观点吗?一石激起千层浪,学生们纷纷发表自己的看法:有的学生认为,十年贫穷生活的磨炼,不仅改变了她的容貌,更重要的是改变了她的精神。艰辛的劳动,艰苦的生活,把她从不切实际的幻想的云端拉回到切切实实的地面,站在我们面前的是一个新生的玛蒂尔德,她身上最美好的东西最终没有毁灭。有的同学说:"我从玛蒂尔德身上看到了勇于承担责任的勇气,真让人佩服"。……巧妙的点拨引出了学生独到的见解和深刻的思考,由此可见,只有畅开言路,才会使学生敢问敢答;学生的创新意识,才会逐渐地萌动、发展。

三、注重创新思维的培养

激发学生的学习兴趣,培养学生的创新精神必须从学生实际出发,尊重学生的兴趣和爱好,引导他们参与实践,培养合作学习的技能,促进思想的发展,激发创新意识,培养大胆创新精神。爱因斯坦认为:提出一个问题往往比解决一个问题更重要,而在传统的教学中学生只学会了"答",没学会"问",这样培养出来的人,往往只会做死学问而不会做活学问。在教学中,教师提出来的问题要由浅入深,由易到难,即可从一个概念、一个公式、一条性质或者一道计算题等入手来进行,然后引导学生思考、讨论,合作解决。

例如:有一位老师在教学"两位数减一位数"这一内容时,老师出式15-8怎么算? 同学们就议论纷纷,有的学生说:"我拿木棍来算";有的学生说:"我拿计算器来算";有的学生说:"列竖式来算"。一共用了三种方法。老师问:"除了这三种方法,还有其他方法来算吗?"教室里大约安静了两分钟,一位学生站起来说:"我有一种新算法:15-8,5-8不够减,我倒着算,先8-5=3,再用10-3=7,结果同样是15-8=7,这样做可以吗?"当时老师听了心里一震,想不到这位同学在这道题上,进行了很有创造性的思考、验证。最后大家认为他的解答方法是灵活的。他的算理是这样的:15-8,5减8不够减,那就用15中的5减去8中的5,这样原式计算的思维过程就变为:15-8=(10+5)-(5+3)=10-3=7,这样解不但合理,而且很有创造性。所以教师要尊重学生的好奇心,激发学生大胆质疑,并启发智能,激发个性潜能的发展和创新思维的培养。

总之,教育将成为富有创新意识、创新思维和创新能力的教育,我们一定要转变观念,改革教法,全面提高教学质量,为国家培养出一批又一批思想活跃、思维敏捷的创造性人才,以迎接时代的挑战。

✷第四节 初中数学作业设计的探索与研究

一、研究背景

我国实行基础教育课程改革以来,经过十多年的发展,基础教育在教育目的、课程内容和结构、教学方式以及评价方法等方面取得了明显的突破和显著的成绩。但与此同时,教学过程中仍然存在薄弱的环节,我国新课程理念指出:"改变课程实施中过于强调接受性学习、死记硬背、机械重复的模式,倡导学生主动参与、勤于动手、乐于探究。培养学生搜集和处理信息与获得新知识的技巧和能力,分析和解决问题的能力以及交流与合作的能力。"课程作业作为教学过程中的重要一环,对于提高学生消化知识,动手实践、搜集和处理信息,解决问题等各个方面的能力具有重要的意义,是衔接教与学的关键环节。而目前在基础教育改革过程中,作业这一利器并没有被充分利用起来。因此,在新课程理念的指导下,完全有必要思考课程作业的重新定位和进行作业的创新设计,使其与新课程改革同步,以提高学生的实践能力和创新精神。

早在17世纪,大教育家夸美纽斯就在其著作《大教学论》中指出,教学科目如果不经过适当的反复练习,就不能彻底达到教育的目的,老师应该在授课后让学生复述所讲内容,并要求学生通过实践运用以巩固知识的记忆。在国外,对于学生的作业设计大多采用开放、综合的方式。学生通过图书馆、上网查阅资料,与同学相互合作来完成作业。相关研究也表明,学生作业负担的轻重并不与其成绩相关。国内教育学者也指出,作业是教育系统的重要组成部分,作业的设计同样要遵循学习的一般规律,要符合学生的认知水平和自身特质,循序渐进地开展。

二、数学作业的含义及其设计

《实用教育大辞典》中解释作业为:由学生独立完成的学习活动,包括课内作业和课外作业,课内作业是指老师课间布置,学生当堂进行的各种练习。课外作业是课堂学习的延续,用来消化、巩固、理解和运用课堂学习的知识,它是课堂教学工作的继续,是教学的重要组成部分。因此,可以将数学作业定义为:为实现数学课程教学目标,由数学老师设计和布置,要求学生完成的练习,包括习题、实验或讨论等形式。作业过程包括设计、布置、完成三个环节。作业设计是作业的筹划制订环节,具有非常关键的作用,作业设计的质量直接关系到整个作业过程的效果。初中数学作业设计是指为达到数学教学目的,根据不同学生的层次水平设计出符合要求的数学作业,培养学生的数学兴趣,体现数学的实用价值,注重学生的数学知识和实践能力的内在联系。

三、初中数学作业设计的理论依据

(一)新课程标准理念

2011年实施的《初中数学新课程标准》中指出,新课程的基本理念包括五个方面,其中与作业设计相关的几点为:第一,人人都能够获得良好的数学教育,不同的人在数学上得到不同的发展。这一点指出了义务教育的普及性以及教育对象的差异性。第二,数学课程内容要反映社会的需要,数学教学的特点,要符合学生的认知规律。这一点强调了数学教育的实用性以及对教学方法的合理运用。第三,教学过程是师生积极参与、交流互动、共同发展的过程。这一点说明数学教育是一个动态联系、发展的过程。以上几点也可作为初中数学作业设计的理论依据。作业设计的目的是使每一个学生都能获得数学知识,提高学生对数学的兴趣。作业的设计不但要使学生掌握理论知识,也要注重知识的实际运用,作业设计要符合数学学科的特性和学生的认知规律,要分学段和学生自身学习能力差异对待。作业设计要尽量发挥学生的积极主动性,同时老师要起引导作用,可直接参与或监督学生完成作业,及时发现作业过程中存在的问题,再完善作业的设计,形成一个良性循环。

（二）多元智能理论

美国心理学家加德纳提出的多元智能理论是一种注重培养、崇尚天性的教育理论。加德纳认为，每一个人都有自己独特的组合方式把各种智力进行组合并用来学习。所以，每个人都拥有自己的优势领域，根据自己的优势来进行学习可以提高学习的效率并发展优势。因此，也可以说在教学过程中，不存在哪个学生聪明哪个学生笨的问题，而是在哪方面聪明以及如何开发他的聪明才智的问题。根据多元智能理论，通过合理的教育，可以提高学生的智能水平。同时可以通过设置各种情景激发学生的潜能，使其在各方面的智力得到全面发展。因此，教师应从以下几个方面来设计数学作业。第一，设计多样化的数学作业供学生选择，以满足学生的不同需求，并针对不同的学生，设计多层次的作业，以促进其能力的提高；第二，设计有扩展性的数学作业，尽可能地引导学生各方面智力的发展。

（三）建构学习理论

建构主义最早由瑞士人皮亚杰提出，后经许多学者的不断丰富和完善，得以运用于教学研究。建构主义认为，人在幼年起与周围环境的接触过程中，逐渐构建起对外部世界的认识，其自身认知结构得以形成和发展。建构主义提倡以学习者为中心的学习模式，同时不忽视老师的指导作用。与传统教学模式不同的是，建构学习理论中学习主体是主动构建者，而不是被动的接受者和被灌输的对象,而教师也不是知识的传授者和灌输者,而是起着帮助和促进的作用。在意义构建过程中,探究是关键,即主体主动搜集信息并对内容进行联系和思考。在数学作业的建构设计时,教师要构建学习的环境,设置问题情境,引起学生的共鸣,进而思考解决问题的办法。作业的设计也要以学生为中心,有类似现实的情境,让学生对作业产生兴趣,并学会解决现实问题。

四、初中数学作业设计

目前,国外对中小学生作业设计的研究十分丰富,从作业设计的结构和内容方面体现出层次性和多样性,注重根据学生的认知水平和自身优势实施因材施教,作业内容不仅包括书面的理论知识和实践技能,而且扩展到家庭和社会的层面。例如,英国的中小学课程作业主要包括四种:第一种,书面作业,包括简答题、随笔、实践报告等;第二种,实践作业,由老师指导的各种实验和活动;第三种,口头作业;第四种,表演作业。美国中小学家庭作业则包括多层次的丰富内容,注重对学生和家长之间、家长和学校之间、学校和社会之间的联系培养。我国的许多教育工作者也对中小学的数学作业设计进行了积极的探讨和研究。例如,上海师范大学陈剑华认为,对作业的认识,应突破以往的框架限制,根据不同学校的特点和学生的情况,构建各种各样新的作业形式。

根据上一章的理论分析，在新课程理论下进行初中数学作业的设计应使数学作业富有多样性，以供各种类型的学生选择，也可激发学生各方面能力的发展。同时，数学作业设计要具有层次性，提供不同难度的作业以供学生选择，激发学生的挑战心，提高他们的数学水平。另外，书面形式的数学作业由于一般比较抽象、枯燥，很难引起学生的学习兴趣。因此，应注重作业形式的多样性和趣味性。在数学作业设计时还要考虑通过趣味性设计等方法提高学生对数学的兴趣，通过实践方式加强学生对数学的实际运用能力，通过探究式作业促进学生对数学的思考和解决问题的能力。

(一) 多样性作业设计

多样性作业设计要注意适合于各种类型的学生。举例说明，两种笔记本的价格如下：120页每本8.8元，160页每本11.5元，问买哪种笔记本划算？要求学生采用以下几种方法中的一种或多种解答：①以单位价格的方式比较；②以两种页码数最大公约数40页的价格比较；③以最小公倍数480页的价格比较；④以坐标系斜率比较。例题提供了4个答题方向，给学生提供了充分发挥才能的空间。

(二) 多层次作业设计

进行多层次作业设计时应注意设置问题的难度要由易到难，或者问题由基础到专业。答题由学生自己选择。举例说明，A，B，C，D 四人做一项工程，如每人单独完成工程，则 A 需要 24 天，B 需要 20 天，C 需要 16 天，D 需要 12 天。问题：①如果 A，B，C，D 四人合作，一共需要多少天完成工程？②A，B，C，D 四人依次轮流工作，每人一次工作一天，则需要多少天完成？③能否通过将②中四人的顺序进行调整，其他不变，使工程至少提前一天完成？

（三）形象性作业设计

将文字性描述的作业转换成图形的形式，既可增强趣味性，又有利于学生对数学的理解和记忆。举例说明，一次函数 $y=kx+b(k\neq 0)$，要求通过在直角坐标系中画出函数图形，解释 x 与 y 之间的关系及系数的含义。这样可将抽象的数学表达式转换成形象的图形，便于学生理解数字背后的含义。

（四）趣味性作业设计

联系生活设计一道有趣的数学作业题，激发学生的思考和兴趣。举例说明，一位数学家去市场买菜，市场上芹菜的价格是 10 元一斤。数学家对卖芹菜的商贩说，你的芹菜 10 元一斤，现在我只买芹菜的茎，你算 6 元一斤卖给我，剩下的叶子你可以 4 元一斤卖给别人，这样你照样卖一样的价格。问商贩应不应该按照数学家的说法卖芹菜。这个作业可以激起学生的兴趣，思考现实生活中的数学原理。

（五）实践性作业设计

设计一些学生力所能及的实践活动，通过实践将数学知识转化为技能。举例说明，给学生一个测角仪和一卷皮尺，要求他们利用数学知识和手中工具测量学校旗杆的高度。

（六）探究式作业设计

老师在设计探究式数学作业时，要根据所学内容设计一些让学生主动探索、思考的问题。举例说明，一条直线上有5个间隔不等的点，现要求在直线上找出一个点，使得5个点到这个点的距离之和最短。这个题目没有固定的解题方法，但是锻炼了学生各方面的思维能力，让他们体会到思考解决问题带来的乐趣。

五、结语

设计多样性、层次性、趣味性的数学作业，也符合新课程标准的理念要求，弥补了教学过程中的薄弱环节，提高了初中数学的教学水平，促进了我国基础教育课程改革。同时也应该看到，设计具有多样性等特点的数学作业只是数学作业改革的一个起点。数学作业的设计是一个复杂而长期的过程，不可能一蹴而就。只有我们在教学实践中不断去探索、研究、创新，才能实现更大的突破。

★第五节　重视教学过程打造　营造"高效课堂"氛围
——一堂数学随堂课引发的思考

"高效课堂"是什么？难以说清道明，众说纷纭。专家们在谈"高效课堂"时，有人说："高效课堂"就是教师在相对短的时间里，让学生获得更多、更深的知识与能力，获得更丰富的经验。也有人说："高效课堂就是在有限的时间里，采取恰当的方式，激发学生的学习积极性、主动性，让学生参与教学过程，获取有效的知识与能力。"还有人说："高效课堂就是在坚守人类基本价值取向的基础上，同时充分利用本节课的资源，让学生明白丑与美、恶与善的客观事实等。"而笔者的理解就是："教师在单位时间里，把教学的重点放在过程上，放在揭示知识形成的规律上，放在师生互动、师生合作的学习上，让学生参与教学。通过看、想、做、辨，去体验，去观察，去感悟，去发现真理，掌握规律。将教学目标最大化和最优化。"也就是将新课程标准中的"知识与技能，方法与过程，情感态度，价值观"等教学目标最大化、最优化。

郭思乐教授在《向大自然寻找力量的"天纵之教"——论生本教育的本质》一文中说："我们不赞成束缚人的自由思考，以有效为短期目标剥夺人的感悟。"笔者在听课中发现，确实有这样一些所谓的"高效课堂",尤其是公开课,为了追求单位时间的效率,在一节课中,大容量地把教学重难点内容强塞硬予地"告诉"给学生,课堂也完美无缺,看似"行云流水",课堂气氛热烈、亢奋,教学效果"立竿见影"。但这种"立竿见影"的课,快则快矣,却未必能在学生的心灵深处铭刻上一点记忆或理解的印迹。就像"治病"一样,"立竿见影"的疗效最多能"治标",却不能"治本",而真正深刻的、有意义的,能给学生未来发展带来有效动力的教学必须是"治本"的教学。也就意味着必须重视教学过程的打造,充分给予学生学习经验的体会。

笔者认为,不仅要让学生听,也要让学生看,还要想方设法给学生提供做的机会和舞台。当然这个做未必就是肢体动作,它主要是指学生自我的习得,必要的训练,适当的体悟。经历了这些过程,他们往往就具备了一定的自主生成知识的能力。也就是说,不仅要给学生"符号学习"的机会,还要引领他们进行"经验学习"。后者的速度看起来可能要慢一些,甚至慢许多。但要是学生入了门,觅到径,那么其后的学习就能实现亲力亲为,自致其知,可谓是虽慢实快。

这里以邹老师一堂随堂课——"分式方程"为例来谈一谈打造教学过程的必要性。对这一堂课,常见的教法是:教师揭示课题,定义概念,举例讲解,另题迁移,小结强调,作业布置等。这套流程完成好后,一般的学生都能明白相关因素及方法,这可能只需要半小时。如果还能做到当堂检测,整体效果似乎也不错。但邹老师不是这样处理的,他先由易到难出示3个题目,让学生尽可能地计算和口答,第一题学生都能答上,第二题大部分学生能答上,第三题是一个数与1的和的倒数的4倍等于这个数的倒数的3倍。学生当然无法口算出来,于是自然要考虑列方程:

$$\frac{4}{x+1}=\frac{3}{x}$$

学生列出这个此前未见过的方程,老师让大家观察并与前面学习过的整式方程作比较,学生发现不同的是未知数的位置在分母里面来了,就此引出分式方程的概念,并要求学生准确无误地对此类方程进行定义,然后请学生自行尝试解这个方程,学生遇到了困难,教师提醒学生必须用化归的数学思想,即尽可能地将未知的问题化为已知问题,学生们自然想到要将分母去掉,化为整式方程,再去解题。待大家如此这般完成后,老师择机让四位同学到前面板演,学生们去分母的方法各异,再请同学们说明解题思路。至此,有关解一般分式方程的问题基本解决。老师再出示一题,学生们很快解好,但在检验中却发现,有两个解,其中一个解导致分母为零。一些学生开始犹豫了,不知所措。老师便抓住这一契机,和大家一起学习,从而确定解题的知识和方法。此时,学生对分式方程的解题方法已经了然于胸。老师再出示课前没有解决的问题,让大家当堂完成……这些教学内容用了整整一堂课,一些听课的老师也没有看出来这堂课的"奥妙"。在笔者看来,这堂课的"奥妙"就在于,教师并没有把需要新授的知识直白地交给学生,而是尽可能地让学生主动探究,面对障碍,心生疑窦,自力解决。课堂节奏看起来缓慢,但实际上,学生在解决一点一点的问题的过程中积累了一类问题的应对方法、技巧、机智和智慧,体验了学习过程的乐趣,是真正属于自己的学习。老师在反思教法和学法时,觉得这样处理的最大好处就是学生以后一旦遇到含有分式方程的综合题目时,几乎都对增根、验根等现象或问题有一个充分的应对意识,能够妥善处理,否则,学生往往难以应对上述较为复杂的情景。

由此看出,过程远比结果重要,没有过程的结果是无源之水,无本之木,学生对知识的概念、原理、规律的掌握不是通过自己思维过程获得的,那只能是死记硬背,生搬硬套的机械学习。所以在教学中应更重视揭示和显露知识的形成过程,要让学生参与和体验探究活动。

✵第六节　如何开展初中数学习题教学

习题教学是教师指导学生运用已经学习过的知识进行一系列基本训练的教学活动,习题教学是课堂教学的主要教学环节之一,教师的教学理念和教学行为显得尤为重要。笔者就以初中数学教学为例,具体阐述"如何开展初中数学习题教学"。

一、习题变式重组,提高学生解题技能

在初中数学课堂教学中,习题教学可以帮助学生及时巩固新知识,理解新概念,掌握新方法。教师对习题以"一题多变"或"多题归一"相结合的方式,对习题教学进行创新。所谓"一题多变"就是指以一道例题为起点,对该例题进行多方位、多角度、多层次的变化,使得知识点进一步深化。这种习题教学方式,拓宽了例题的深度和广度,可以培养学生对问题的深入研究能力和思考能力。

例如,在一元一次方程的实际应用学习中,有这样一个例题:A 岛屿和 B 岛屿相距 840 km,一艘速度较慢的轮船从 A 岛屿开出,以每小时 100 km 的速度前进,一艘速度较快的轮船从 B 岛屿开出,以每小时 130 km 的速度前进。速度慢的轮船先开出 2 h,速度快的轮船再开,两艘轮船相向而行。问速度较快的轮船开出多少个小时后两艘轮船可以相遇?教师在讲解完这个例题后,可以将这个例题进行拓展延伸,提出更多的相遇、追击类问题。如两艘轮船同时出发,反向而行,多少小时后两艘轮船距离达到 1 000 km?又如,速度较慢的轮船先开出 2 h 后,两艘轮船同向而行,速度较快的轮船开出多久后可以追上速度较慢的轮船呢?

所谓"多题归一"就是指多个外形看似相同的习题,其实质都是一个共同的知识点,或者可以用相同的数学思维去分

析、相同的数学方法去解答。这种习题教学方式，可以有效地提高课堂教学效率，培养学生抛开现象看本质的能力。

例如，五四青年节来临之际，光明初级中学七年级三班的同学购置了若干气球与彩带来装扮教室。小李同学找来一个 2.5 m 长的梯子，架到 2.4 m 高的墙上，那么梯脚与墙角之间的距离是多少呢？再比如，小红家的后院里有两棵大树，一棵树高 13 m，另一棵树高 8 m，两树之间的距离是 12 m，有一只布谷鸟从高的树木顶端飞到矮的树木顶端，求布谷鸟飞行的最短距离是多少？这两个问题本质上都是勾股定理性质的运用，只是问题的背景不同而已，学生通过这一道题的解答，就会达到举一反三的目的。

二、习题二次开发，培养学生数学创新思维

初中数学习题具有原创性和典型性，要求教师必须对其进行二次开发，重视对题目潜在价值的深度挖掘，让数学习题的延展性得到体现。在初中数学习题教学中，二次开发习题的价值是不可忽视的。对教师个人而言，一方面是对过去的教学经验进行归纳总结，另一方面是对教学资源的整理和开发；对于学生而言，有利于活跃思维，培养学生逻辑思维能力，提高学生学习的有效性。教师可以利用教学情境、数学模型、数学条件等多个角度对习题教学进行二次开发，培养学生数学创新思维能力。

例如,小明同学想要把 14 分成几个自然数的和,之后再求出这些自然数的乘积,试解出小明能够求出的自然数的最大乘积。这一类习题开发性较强,教师在教学中可以围绕例题中的数学条件对原题进行创新、改造和加工。例如,改变题目中的条件:把 14 换成 24,30,48 试试看,这些数分解后的最大乘积会是多少?最小的乘积又是多少?二次习题开发可使学生思维更敏捷,思路更开阔。

又例如,如图 2.1(a) 所示为一张直角三角形纸片,$\angle B = 90°$,小明想从中剪出一个以 $\angle B$ 为内角且面积最大的矩形,经过多次操作发现,当沿着中位线 DE,EF 剪下时,所得的矩形面积最大,他通过证明验证了其正确性,并得出:矩形的最大面积是原三角形面积的一半。

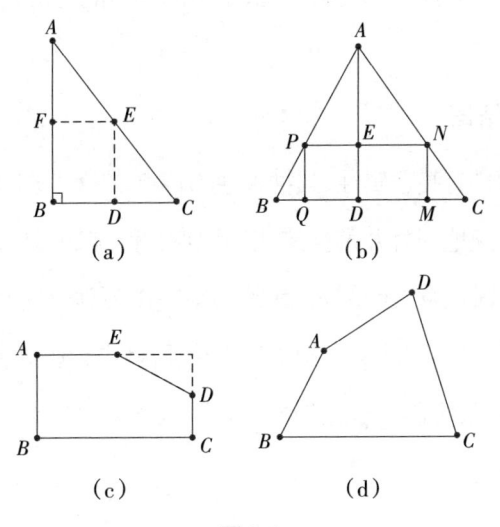

图 2.1

拓展应用:如图2.1(b)所示,在△ABC中,BC=a,BC边上的高AD=h,矩形PQMN的顶点P,N分别在边AB,AC上,顶点Q,M在边BC上,则矩形PQMN的最大面积是多少(用含有a,h的代数式表示)?

灵活应用:如图2.1(c)所示,有一块"缺角矩形"ABCDE,AB=32,BC=40,AE=20,CD=16,小明想从中剪出一个面积最大的矩形(∠B为所剪出矩形的内角),求矩形的面积。

实际应用:如图2.1(d)所示,现有一块四边形的木板余料ABCD,经测量AB=50 cm,BC=108 cm,CD=60 cm,且$\tan B=\tan C=\frac{4}{3}$,木匠师傅从这块余料中裁顶点M,N在边BC上且面积最大的矩形PQMN,求该矩形的面积。

通过诸如此类的习题演练,学生的创新能力得到了大幅度的提高。

三、结语

数学具有高逻辑性、强抽象性的特点,在教学过程中,如何让学生快速地理解并掌握这些知识点?传统的习题教学已经无法满足时代发展的需求,教师必须在创新理念的基础上,实施习题教学。为此,每个初中数学教师,都应大胆创新,突破传统思维模式,将创新理念与数学习题教学有机结合,培养学生的思维能力。

✱第七节 初中数学教学设计探究

一、教学设计探究的提出

2016年9月,"中国学生发展核心素养"正式颁布。发展学生的核心素养,需要从学科教学活动中体现出来。至于如何渗透学科核心素养?执教者感觉不易把握,难以操作。首要问题是教学设计不合理,方法单一,导致学生处于被动学习状态,求知欲望不强。因此,重新调整教学设计策略,构建高效课堂显得尤为重要。笔者以一堂复习课"二次函数图像中的面积问题"的教学设计为例,进一步探索在核心素养的背景下如何进行初中数学教学设计。

二、教学设计案例探究

【例1】 在初中阶段的学习中我们发现,已经认识的一次函数、反比例函数、二次函数的图像中经常会出现三角形,请你以 $y=-4x, y=\dfrac{4}{x}$ 为例,在如图2.2所示的平面直角坐标系中分别设计一道与三角形面积有关的问题,并尝试解决。

这个环节通过学生自己在函数图像上与设计面积有关的题目,并解答。这种开放性的教学设计,让优秀生有学习的兴趣和欲望,又能帮助学困生建构起知识间的内在联系。意在学

图 2.2

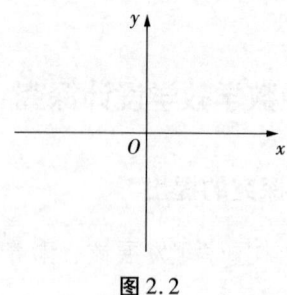

情调研,达到以学定教,先入为主的目的。同时也是让学生在知识教学的过程中学会学习。具体来说就是掌握获取知识的方法,积累数学活动经验,形成数学思维模式,培养自主学习的能力和问题解决的能力,达到渗透学生自主学习、实践创新的核心素养的目的。

【例2】 如图 2.3 所示,已知二次函数 $y = -\frac{1}{2}x^2 + \frac{3}{2}x + 2$ 的图像与坐标轴分别交于点 A、点 B 和点 C。

(1)请你在图 2.3 中设计出与面积有关的较为简单的问题,并解决你设计的问题。

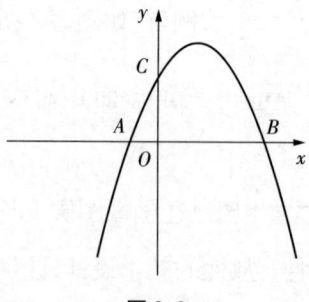

图 2.3

(2)你能完成老师设计的问题吗?

①如图 2.4 所示,如果点 D 的坐标为 $(2,3)$,如何求出 $\triangle ACD$ 的面积?

②如图 2.5 所示,如果点 F 的坐标为 $(1,3)$、点 E 的坐标为 $(3,2)$,如何求出 $\triangle AFE$ 的面积?

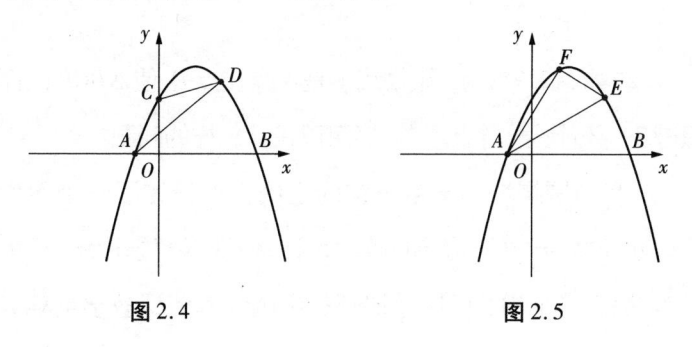

图 2.4   图 2.5

本环节从例 1 的特殊情况到例 2 的一般情况,其本质上就是数学抽象的过程,这一个过渡可以培养学生的数学抽象素养。开放的教学设计可以培养学生的数学建模、数学推理等基本数学素养。老师的问题设计能够抓住本节课的重难点,在设计上看似"形"散而"神"不散,能够渗透数学推理、直观想象、数学运算等素养。

问题 1:如图 2.3 所示,已知二次函数 $y = -\dfrac{1}{2}x^2 + \dfrac{3}{2}x + 2$ 的图像与坐标轴分别交于点 A、点 B 和点 C,$S_{\triangle ABC} = 5$。

(1)如图 2.6 所示,你能设计与 $\triangle ABC$ 面积相关的问题吗?并尝试解决。

图 2.6　　　　　　　　图 2.7

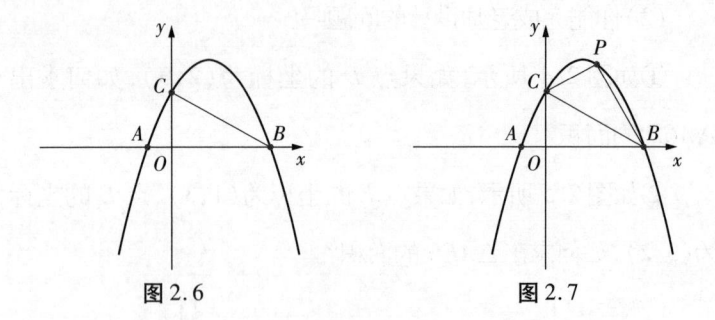

（2）如图 2.7 所示，抛物线上是否存在点 P，使 $\triangle BCP$ 的面积得 7？为什么？除此之外，还可以设计怎样的问题？

本环节围绕培养学生思维的主线再次设计了一个面积开放性问题，开放与质疑的教学设计，使课堂气氛活跃，积极思考，提出多个相关问题。课堂教学围绕本节课教学重难点环环相扣，知识点的层层推进使得学生的认知节节高攀，进一步培养学生的数学抽象、逻辑推理、数学建模和运算等数学素养。

问题 2：$\triangle BCP$ 面积的最大值取决于什么元素？你有怎样的发现？由此可以引申设计出怎样的最值问题？

这个环节的设计是在学生掌握知识点和方法的"最近发展区"加以点拨，更进一步实现最有效的思维生长，发展探究能力，寻找题目中蕴含的规律，让学生数学思维的宽度、深度得以升华，学生的数学建模、直观想象、数学推理能力等素养再次提升。

问题 3：如图 2.8 所示，已知二次函数 $y = -\dfrac{1}{2}x^2 + \dfrac{3}{2}x + 2$

的图像与坐标轴分别交于点 A、点 B 和点 C，还能设计出类似的与四边形的面积有关的问题吗？

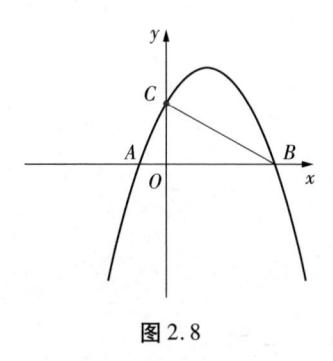

图 2.8

思考：连接 BC，点 M 是图像上的一点，连接 BM 和 CM，△BCM 的面积记作 S，则 S 取何值时，相应的点 M 有且只有 3 个？

本环节的开放设计，意在尊重主体认知规律，顺应学生思维，尊重学生个体差异，使不同的学生在同一知识点的基础上也有不同的思维进展，达到精练一题，会一类型的效果。目的是渗透数学建模，关注学生是否会学习，是否有创新精神等。

总之，在核心素养的背景下，进行初中数学教学设计，需要教师进一步学习核心素养的相关理论知识，转变教学观念，更新教学行为，依托核心素养创设教学情境，设计教学活动，把培育学生核心素养落实在教学设计中，真正实现减负提质的宏伟目标。

第三章 「68361」减负模式

历经几年的研究实践,充分结合本校教育教学的实际情况和学生的现状,各年级不同学科的深入实践,尤其以数学学科为例,实践并探索出适合减轻学生过重课业负担的"68361"乐福教学模式,如图3.1所示。

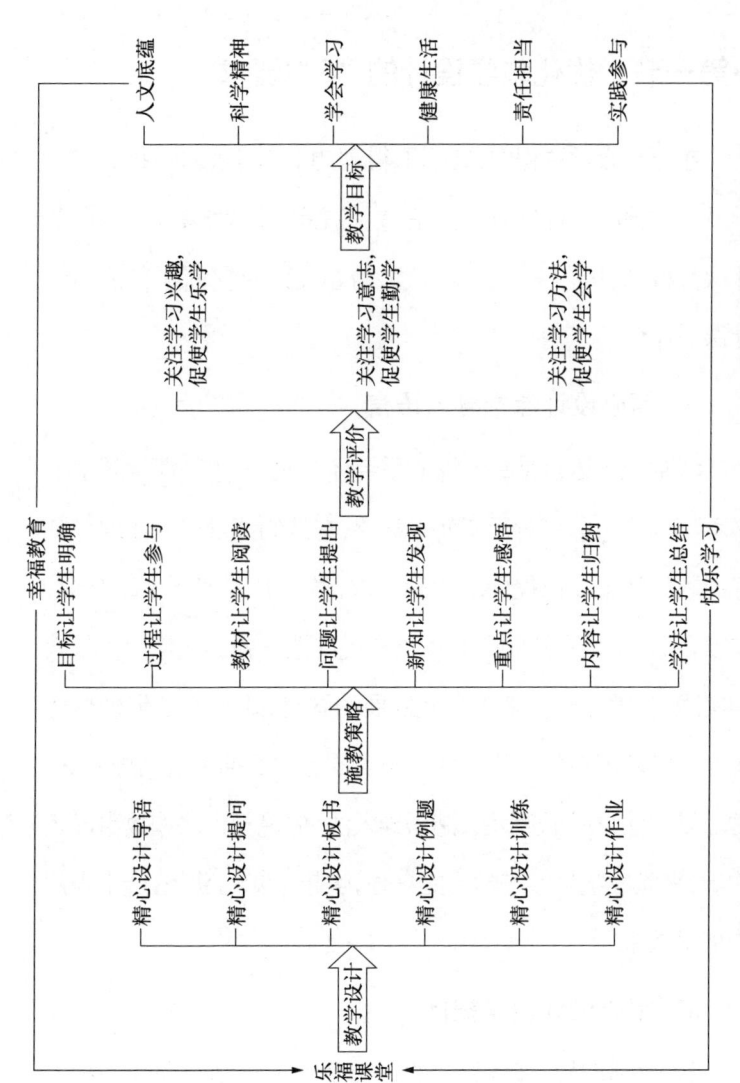

图 3.1 优化教学设计，更新教学行为，减轻初中学生过重课业负担的实践研究教学模式

★第一节　优化教学设计的"6"要求

在课堂教学过程中,要想取得理想的教学效果,就要在教学设计中精心设计课堂导入语言、精心设计教学提问、精心设计课堂板书、精心设计课堂例题、精心设计课堂训练和精心设计课后作业。

一、精心设计课堂导入语言

课堂导入语言是每堂课的重要环节之一,也是课堂教学中必不可少的环节。对于任何一堂课,有效的课堂导入能取得良好的教学效果。课程标准明确要求,学习的内容要生动有趣、丰富多彩,应具有鲜明的时代感和民族性。强调让学生参与教学实践,教师在尊重学生个性发展的同时,要培养学生创造性思维。笔者就教学实践中课堂导入的方法概括为谈话导入法、复习导入法、提问导入法、谜语导入法、情境导入法和故事导入法等,来激发学生参与学习的兴趣,唤起求知的欲望,产生强烈的情感效果。

二、精心设计教学提问

教学提问是在课堂教学的过程中师生互动交流的一种教学活动,能调动学生思维、激发学习兴趣、提高学生解决问题的能力。它是教师调控课堂教学程序,及时反馈教学情况的活动方式。在设计提问时,应有启发性,提示学生积极参与教学活动,努力为改变学生不主动学习的状况而设计。提问要有目标性和具体的指向性,要围绕课堂教学目标、重难点,适时适度地设计教学提问。课堂提问还要层次清楚,遵循学生的认知规律,要体现学法指导,要研究学生怎样才能在会学上下功夫,更为重要的是在设计教学提问时,要照顾全体学生,要有利于多数学生的积极参与,力求有更多机会参与到学习中来,以"不求每位学生同步发展,但求每位学生都有所发展"的设计理念来设计提问。

三、精心设计课堂板书

教学中传统的板书是不可缺少的重要教学手段,它不但能够体现教师授课的意图,更能凸显教学的重难点,把教学的思路简单明了地展示在学生面前。还能通过直观的形式,集中学生学习的注意力,从而提高课堂教学效率。基于此,在教学设计中,设计板书时要有明确的目标,不是为了板书而板书,要突出哪些问题,起到什么作用,把每节课的目的、重难点,都要尽可能地体现出来。板书设计还需针对教材内容的特点和学生年龄的特点,各学科的板书设计特点不尽相同,不同年龄段的学生对板书设计的理解不一样,比如低年级注重形象性,高年级注重逻辑性。对内容的概括既要简单、凝练、集中,又要有清晰的条理性、周密的计划性和灵活性。

四、精心设计课堂例题

教学过程中离不开例题教学,尤其是理科,例题教学更是课堂教学的中心环节。例题既能为学生解决问题提供范例,又能体现学科思想,揭示学科方法,规范思考过程。无论如何改革课堂教学,都要重视课堂例题的教学。所以在教学设计时,选择例题一定要在深入研究教材、吃透教材编写意图的基础上,对教材上的情境、例题以及习题加以恰当的取舍和补充。对例题教学,重在引导学生主动学习,学会如何学习,教是为了不教,在教会的同时,必须引领学生会学,让学生通过例题掌握一定的学习方法,使之成为学习的主人。

五、精心设计课堂训练

课堂训练是课堂教学的重要环节,是学生掌握知识、形成技能、拓展思维的重要手段。施教者透过学生的训练,可以了解学生对知识的掌握程度,以便及时查漏补缺。所以,教学中精心选择和设计训练题就显得特别重要。教学实践证明,训练题要根据学生的年龄特征,尽量使训练题新颖、生动有趣、形式多样、贴近学生生活,从而激发学生的求知欲望,调动学生学习的自觉性和积极性,引起学生的兴趣和注意力。

六、精心设计课后作业

在新的时代背景下,面对新时期的学生,依据"多元智能"理论,教师在设计作业时,要尊重学生的个性发展,充分发挥学生的潜能。新课程的生成性、建构性要求学生必须学会合作，加强合作。因此在设计作业时应促使学生多向交流，设置合作型作业、探究型作业、创编型作业。通过多次、多向评价，主体评价与客体评价有机结合，从而让学生在一个充满自信的环境中得到可持续发展。

★第二节 更新教学行为的"8"策略

"教学最优化"理论认为：好的教学策略应该是高效低耗，能在规定的时间内完成教学任务，较好地实现具体的教学目标，并能使教师教得幸福，学生学得愉快。实践证明：在施教过程中，如果做到教学目标让学生明确、教学过程让学生参与、教材让学生阅读、问题让学生提出、新知让学生发现、重点让学生感悟、内容让学生归纳、方法让学生总结，就能以最少的时间取得最佳的教学效果。

一、教学目标让学生明确

这里的教学目标是指课堂教学目标，是教学的出发点和归宿地，是教师对学生达到的学习预期效果或者行为的明确界定。其主要内容就是基础知识和基本技能以及情感价值观。有了教学目标，一切的教学设计就围绕着教学目标展开，就会贯穿教学设计的各个环节。在施教过程中，师生的教与学的活动都应朝着教学目标前进,以学生为主体组织相应的自主、合作学习,以达成目标。要让学生明确各个教学环节、各个教学活动的目的是什么,隐含的思想方法在哪里。学生才能明白自己该向哪里走。施教者要把隐含的教学目标在课堂教学中渗透出来,又不影响教学的主线,顺利到达本节课的教学目的地,这也是老师课堂教学的方法和技巧。

二、教学过程让学生参与

面对新时期的学生,施教者必须用新的教学观念、高超的教学水平来促进学生有效地学习,促进学生全面发展的目标得以实现。要使学生有效参与课堂教学活动,施教者要努力建构良好的教学环境,把教师的教不断转化为学生的学,充分分析学情,为学生学习搭建平台。不断改善教学方式,合作学习,创造性学习,实践性操作。引导学生参与课堂教学活动,学会倾听他人意见,接纳与表达,努力提高学习活动的深度。有效利用课程资源,提升教学活动的参与度。充分分析预设的生成冲突所在,使学生体验到成功的快乐。随着学生学习能力的不断提高,学生独立学习能力的增强,教师的作用在量上也发生了相反的变化。

三、教材让学生阅读

在课堂教学的过程中,学生获取知识的渠道除了教师的讲解外,还应该在教师的指导下阅读教材来培养学生获取信息的能力和自学的能力。通过阅读教材来提升学生数学自悟自得的能力，使学生获得终身学习的本领，对学生今后的工作和生活具有十分重要的意义。让学生阅读教材是建立在新时期、新观念的基础之上的学生观和教学观，必将引导学生学习积极性的提高，学生个性的彰显，更能体现学生学习的主体地位的提高，更能激活课堂教学机制，同时也能取得更好的教学效果。

四、问题让学生提出

问题是课堂教学的核心所在，有了问题，思维才有方向和继续探究的兴趣。学生在课堂上能够提出问题，恰好是问题解决的前提和基础。学生参与提出问题的过程，能够最大限度地调动学生学习的积极性、主动性和创造性，从而促进学生主动、和谐、全面地发展。这就需要教师切实转变教学观念，尽量结合学生生活实际，重视学生课堂上提问题的能力训练。适时对学生提问题的方法进行指导和培养。多提供自主探索和合作交流的机会与平台，力求让学生多展示交流。

五、新知让学生发现

教育家巴班斯基说："让学生发现一个问题比解决一个问题更为重要。"此话道出了学生在课堂上发现新知的重要性。这就需要施教者尊重学生个体差异，充分了解影响学生发现问题的因素，创设良好的学习氛围，创造学生发现新知的条件。不断转变传统的教学方式，引导学生发现新知。精心设计问题,选择有效的教学方法,激发和培养学生发现问题的能力。不要只停留在教教材的基础上,更需要用好教材这个蓝本,创造性地使用教材,让学生更加直观地理解,尽可能多地满足不同学生的需求,调动学生发现新知的兴趣和积极性。

六、重点让学生感悟

学生对重点知识的感悟不同于理解,感悟主要是凭借教学情境和教学语言,通过直观感受而获得知识的心理过程。需要教师充分尊重学生的个体差异,利用学生的感官促进学生对新知的不断研讨,大胆想象,强化和丰富对重点知识的感悟。在实际的教学过程中,要用不同的方式启发,激活学生的思维,不断产生课堂生成,使学生在积极的思考中感知、品味和领悟教学中的重难点,从而提高课堂教学效益,达到事半功倍的效果。

七、内容让学生归纳

归纳学习内容是检测学生搜集信息、处理信息能力的重要标志之一,也是对学生思维训练的一个基本手段,更是发挥学生主体作用的重要环节,对学生的终身发展具有重要意义。基于此,需要施教者在课堂教学中,努力培养学生归纳重难点的习惯,构建知识结构,弄清楚知识间的内在联系。引导学生总结规律,真正实现举一反三、触类旁通的教学目标。

八、方法让学生总结

教育家魏书生说:"会学远比学会重要。"此话道出了学习方法的重要性。学习方法是学生通过学习实践，总结出的快速掌握知识的方法。虽然没有统一的规定，但因不同的人，都有适合自己的学习方法。适合自己的就是最好的、最有效的方法。如果能够找到适合自己的最有效的方法，学习就会相对轻松，就会变得流畅，真正成为学习的主人。这就需要教师在课堂上给予学生更多的时间、更广的空间，尊重学生的个体差异，适时予以学法指导和学习方法小结。

✱第三节　教学评价的"3"关注

一、关注学生的学习兴趣，使学生乐学

有教育家曾说过："兴趣是最好的老师，能够很好地推动人们认识事物、探究真理，是学生学习的动力和走向成功的秘诀，更是获取知识的基本保证。"良好的学习兴趣不仅能够丰富学生的知识，开发学生的潜能，而且能够开阔学生的视野，使人精神振奋，情绪饱满。施教者在实施教学的过程中，必须从转变学生的学习态度、学习情感入手，使学生由原来机械的、被动的学习状态调整到积极主动、乐观的学习状态。不能只是一味地给学生灌输大量的知识，把学生当作接收知识的容器，而应当把学生当作需要被点燃的火把。认真研究学生的认知心理，循序渐进，导其志趣，才能有效地培养学生的学习兴趣，激

发学生积极主动地展示自我的欲望。除了培养学生观察和思考问题的能力,不断开发学生的学习兴趣外,还需要通过小组合作学习,开展丰富多彩的课堂活动,经历动手实践,发展学生的学习兴趣。多倾听学生的意见,用爱心去关怀和鼓励学生,保护学生的兴趣。总之,课堂上学生是学习的主体,不是知识的容器。需要老师在授课中时刻关注学生的学习兴趣,使学生愿意学习、乐意学习,尽自己最大的努力,充分调动学生的积极主动性,使学生由要我学转化为我要学的学习积极分子,只有这样才能达到事半功倍、优质高效的课堂教学目的。

二、关注学生的意志品质,使学生勤学

日趋激烈的社会竞争被家长过早地转嫁到孩子身上,使当代学生因为繁重的课业负担而承受着越来越大的精神压力,从而产生焦躁不安的心态,有许多学生都抱着破罐子破摔的心态。再加上学生发育提前,虽然在积极思考,但很多时候感到特别地迷茫和无助。以上种种因素给孩子们的学习带来很多困难和挫折。如何陪伴学生安全、顺利地渡过这一难关,这就需要我们老师在行为、习惯和意志品质方面不断培养,时刻关注和帮助孩子在一次次的成功中体验战胜挫折的愉悦。作为施教者,首先应改变自己的教育观念,当学生在遇到苦难或者失败时,应沉着冷静地对学生进行挫折教育,更应以积极的心态帮助学生走出困境。其次应不断优化教学方法,激发学生的

学习兴趣，努力营造宽松、民主、和谐的课堂教学氛围，通过建立和谐、融洽的师生关系，助推学生树立远大目标，增强自信，培养学生战胜困难的决心和勇气，使学生勤于学习，不断提升自己的学习能力和意志品质。

三、关注学生的学习方法，使学生会学

著名教育家叶圣陶说："教是为了不教，有了教师的善教，才会有学生的善学。"所以教师要改进课堂教学方式，提高课堂教学效率，使学生会学。在授课过程中，教师要有大爱之心，充分相信学生，激励和帮助学生。在民主、和谐、愉悦的环境中，发挥教师的主导作用，把教学的主动权交给学生，为学生创设自主学习的环境。提升学生认识教学活动的积极性，不断挖掘教学知识本身的魅力，激发学生对知识的渴望以及对科学的热爱和追求。这就需要教师在课堂上必须做到：多让学生自己做，多让学生自己想，多让学生开口说，力求说对、说准。做到教学的停顿，教学的思考，教学的感悟，教学的归纳。

✱第四节　达成目标的"6"核心

通过教学设计的优化、施教策略的不断改进、授课教法的改变、学法的指导，以培养"全面发展的人"为核心，以全面提升学生的人文底蕴、科学精神、学会学习、健康生活、责任担当、

实践创新六大素养、三大方面、十八个基本要点为教学目标,如图3.2所示。

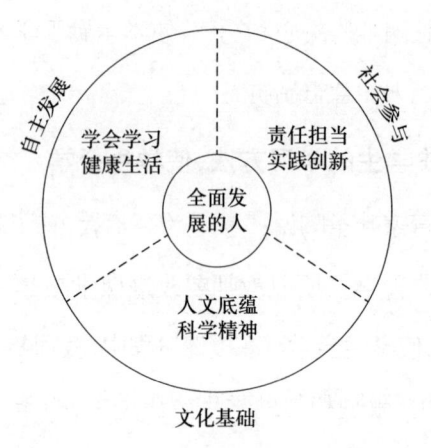

图3.2 培养"全面发展的人"的教学模型

一、文化基础

文化是人存在的根和魂。文化基础重在强调能习得人文、科学等各领域的知识和技能,掌握和运用人类优秀智慧成果,涵养内在精神,追求真善美的统一,使学生发展成为有深厚文化基础、有更高精神追求的人。

(一)人文底蕴

人文底蕴主要是学生在学习、理解、运用人文领域知识和技能等方面所形成的基本能力、情感态度和价值取向。具体包括人文积淀、人文情怀和审美情趣等基本要点。比如,在讲解"一元一次方程"时,老师播放我国古人用算筹计算的文献图片,讲古人的计算方式以及学习精神的励志故事,让学生在学习数学知识的同时,渗透给学生刻苦学习的意识,还可激发学生的爱国热情。

1. 人文积淀

人文积淀是指具有古今中外人文领域基本知识和成果的积累,能理解和掌握人文思想中所蕴含的认识方法和实践方法等。

2. 人文情怀

人文情怀是指具有以人为本的意识,尊重、维护人的尊严和价值,能关切人的生存、发展和幸福等。

3. 审美情趣

审美情趣是指具有艺术知识、技能与方法的积累,能理解和尊重文化艺术的多样性,具有发现、感知、欣赏、评价美的意识和基本能力;具有健康的审美价值取向;具有艺术表达和创意表现的兴趣和意识,能在生活中拓展和升华美等。

(二)科学精神

科学精神主要是学生在学习、理解、运用科学知识和技能等方面所形成的价值标准、思维方式和行为表现。具体包括理性思维、批判质疑、勇于探究等基本要素。比如,在探究平面镜成像的实验中,教师给出的器材有平面镜和玻璃板,有的学生心中就有一个疑问,探究平面成像为什么不用平面镜而选玻璃板呢？一些学生先选用平面镜做探究实验,在探究中发现像的位置不好确定,不能顺利完成实验,然后采用玻璃板进行实验获得了成功。通过二者对比实验可以发现,让学生在探究中经历失败并不是坏事,很好地培养了学生的科学精神态度,养成科学探究的核心素养。

1. 理性思维

理性思维具有崇尚真知,能理解和掌握基本的科学原理和方法;尊重事实和证据,有实证意识和严谨的求知态度;逻辑清晰,能运用科学的思维方式认识事物、解决问题、指导行为等。

2. 批判质疑

批判质疑具有问题意识,能独立思考、独立判断;思维缜密,能多角度、辩证地分析问题,作出选择和决定等。

3. 勇于探究

勇于探究具有好奇心和想象力,能不畏困难,有坚持不懈的探索精神;能大胆尝试,积极寻求有效的问题解决方法等。

二、自主发展

自主性是人作为主体的根本属性。自主发展,重在强调能有效管理自己的学习和生活,认识和发现自我价值,发掘自身潜力,有效应对复杂多变的环境,成就出彩人生,发展成有明确人生方向、有生活品质的人。

(一)学会学习

学会学习主要是学生在学习意识形成、学习方式方法选择、学习进程评估调控等方面的综合表现。具体包括乐学善学、勤于反思、信息意识等基本要点。例如,在学习完朱自清的《背影》后,教师让学生模仿朱自清的《背影》中的内容写一篇文章,描述自己的父亲和母亲来学校送自己上学的场景,并且要借助文章的撰写实现父母亲形象的刻画、事件的详细描述以及对父母的感恩之情的表达,进而提升学生的仿写能力,同时在此过程中也可加强学生对课文内容的理解,实现学生语文核心素养的培养和提升。

1. 乐学善学

乐学善学要求学生能正确认识和理解学习的价值,具有积极的学习态度和浓厚的学习兴趣;能养成良好的学习习惯,掌握适合自身的学习方法;能自主学习,具有终身学习的意识和能力等。

2. 勤于反思

勤于反思要求学生具有对自己的学习状态进行审视的意识和习惯,善于总结经验,能根据不同情境和自身实际,选择或调整学习策略和方法等。

3. 信息意识

信息意识要求学生能自觉、有效地获取、评估、鉴别、使用信息,具有数字化生存能力,主动适应"互联网+"等社会信息化发展趋势;具有网络伦理道德与信息安全意识等。

(二)健康生活

健康生活主要是学生在认识自我、发展身心、规划人生等方面的综合表现。具体包括珍爱生命、健全人格、自我管理等基本要素。比如,教师在教学"让挫折丰富我们的人生"时,播放了感动中国人物刘伟的事迹。在观看视频时,学生对失去双臂的刘伟不以为意,而画面切换到刘伟用双脚弹奏出优美的钢琴曲时,教室内一下变得非常安静。刘伟的座右铭:"我的人生只有两条路,要么赶紧死,要么精彩地活着。"这句话深深地感染着在场的每一个学生,不少学生都感动得热泪盈眶。一些学生表示要向刘伟学习,勇于接受挫折,做一个健康生活的人。通过创设情境,潜移默化地拨动了学生的心弦,使他们的情感得到升华,初步树立起正确的世界观、人生观和价值观。

1. 珍爱生命

珍爱生命是理解生命的意义和人生的价值,具有安全意识与自我保护能力,掌握适合自身的运动方法和技能,养成健康文明的行为习惯和生活方式等。

2. 健全人格

健全人格包括具有积极的心理品质,自信自爱、坚韧乐观;有自制力,能调节和管理自己的情绪,具有抗挫折的能力等。

3. 自我管理

自我管理包括能正确认识与评估自我,依据自身个性和潜质选择适合的发展方向;合理分配和使用时间与精力;具有达成目标的持续行动力等。

三、社会参与

社会性是人的本质属性。社会参与重在强调能处理好自我与社会的关系,严格遵守现代公民所必须遵守和履行的道德准则和行为规范,增强社会责任感,提升创新精神和实践能力,促进个人价值实现,推动社会发展进步,发展成为有理想信念、敢于担当的人。

(一) 责任担当

责任担当主要是学生在处理与社会、国家、国际等关系方面所形成的情感态度、价值取向和行为方式。具体包括社会责任、国家认同、国际理解等基本要素。比如,在教学九年级"认清基本国情——我们的社会主义祖国"一课时,我们要求学生调查自己家庭在吃、穿、住、行等方面的变迁,讲一讲自己的调查发现与调查心得。课堂上,有的学生说:贫富差距大、环境污染严重、科技发展迅猛、国家综合实力强等,接着让学生说说自己的中国梦。有的学生希望老百姓越来越富有,生活越来越好;有的学生希望环境污染问题被解决,青山绿水常在;有的学生希望社会上的不文明行为少一些,到外国旅游时不文明的事儿少一些。教师总结：我们共有一个中国梦，把我国建设为一个富强、民主、文明、和谐、美丽的强国，这是我们现阶段的历史任务，需要我们大家共同努力。那么，针对我国目前的基本国情，我们还应从哪些方面加以努力？通过激烈的讨论，学生知晓了"我"与"祖国"之间的密切联系，激起了学生的爱国热情，明白了自己的社会责任和崇高使命。

1. 社会责任

社会责任包括自尊自律，文明礼貌，诚信友善，宽和待人；孝亲敬长，有感恩之心；热心公益和志愿服务，敬业奉献，具有团队意识和互助精神；能主动作为，履职尽责，对自我和他人负责；能明辨是非，具有规则与法治意识，积极履行公民义务，理性行使公民权利；崇尚自由平等，能维护社会公平正义；热爱并尊重自然，具有绿色生活方式和可持续发展理念及行动等。

2. 国家认同

国家认同主要是具有国家意识，了解国情历史，认同国民身份，能自觉捍卫国家主权、尊严和利益；具有文化自信，尊重中华民族的优秀文明成果，能传播弘扬中华优秀传统文化和社会主义先进文化；了解中国共产党的历史和光荣传统，具有热爱党、拥护党的意识和行动；理解、接受并自觉践行社会主义核心价值观，具有中国特色社会主义共同理想，有为实现中华民族伟大复兴中国梦而不懈奋斗的信念和行动。

3. 国际理解

国际理解主要是具有全球意识和开放的心态,了解人类文明进程和世界发展动态;能尊重世界多元文化的多样性和差异性,积极参与跨文化交流;关注人类面临的全球性挑战,理解人类命运共同体的内涵与价值等。

(二)实践创新

实践创新主要是学生在日常活动、问题解决、适应挑战等方面所形成的实践能力、创新意识和行为表现。具体包括劳动意识、问题解决、技术应用等基本要素。比如,讲授"探究凸透镜的成像规律"时,教师提出在这个探究中还有没有别的问题?有位学生说他观察到两个像,引来了其他学生的笑声,教师让这位学生给大家讲解如何观察并进行展示,大家开始进行观察,结果有学生大声喊道:"我观察到三个像!"下课铃声响起,探究无法继续,于是教师布置课外活动对"凸透镜成像"再探究,自愿参加。课余,实验室来了一大批学生,继续探究实验。只要给他们一个平台,将科学探究从课内延伸到课外,学生的探究热情、探究能力、探究成果都是我们无法估量的,学生会还给我们惊喜。

1. 劳动意识

尊重劳动,具有积极的劳动态度和良好的劳动习惯;具有动手操作能力,掌握一定的劳动技能;在主动参加的家务劳动、生产劳动、公益活动和社会实践中,具有改进和创新劳动方式、提高劳动效率的意识;具有通过诚实合法劳动创造成功生活的意识和行动能力等。

2. 问题解决

善于发现和提出问题,有解决问题的兴趣和热情;能依据特定情境和具体条件,选择制订合理的解决方案;具有在复杂环境中行动的能力等。

3. 技术应用

理解技术与人类文明的有机联系,具有学习掌握技术的兴趣和意愿;具有工程思维,能将创意和方案转化为有形物品或对已有物品进行改进和优化等。

★第五节　凸显"1"个教学主张

"乐福教育"的内涵:"乐"即快乐,快乐的本义是感受到外部事物带给他们内心的愉悦、安详、平和的心理状态与巨大的乐趣,并希望持续的心境。更多强调的是人本身对外部的事物不反感。对学生来说,读书是一件快乐的事,让学生不反感读书,愿意主动积极地参与学习,感受到读书的快乐。"福"即幸福,"幸"为精神生活的满足感,"福"为物质生活的满足感。幸福是一种持续时间较长的对生活的满足和感受到生活的巨大乐趣并希望持续久远的愉悦心情。更多强调的是对精神和物质生活的满足。对教师来说，教书能够体会到学生成功的喜悦，充满教师职业的幸福感和成就感。"乐福教育"即教师心满意足地施教，学生快快乐乐地感受学习的乐趣。经历课题研究的论证、申报、研究和实践，以及结合笔者多年的一线经验和感受，提出了自己的教学思想，即"快乐学习，幸福教育"。"乐福教育"即是"快乐学习，幸福教育"的上位概念，是"快乐学习，幸福教育"的思想提炼。本研究以优化教学设计为切入点，革新教学行为方式，充分关注学生的学习兴趣和爱好、意志品质、学习方法，朝着教学目标的"六"个核心方向努力探索。秉承自己的教学主张，定能让学生感受到学习的快乐，教师施教的幸福，形成独特的"68361"的教学模式。

第四章 优化教案设计的原则及典型课例

✱第一节　优化教案设计的原则

前面谈到的教学设计是在分析教学对象需求与教学目标的基础上，运用现代学习理论与教学技术，结合学生的认知心理来分析教学过程中的确定性与不确定性，将教学要素有序安排，进一步优化教学问题的步骤和方案，通过评价和学习反馈来检验教学设计方案实施的效果，并在此基础上不断改进的一个系统过程。

而优化教学设计的原则是要在教学设计中强调学生的主体作用，主要体现在新知让学生发现，问题让学生提出，过程让学生参与，重难点让学生感悟，内容让学生归纳，学习方法让学生总结，凸显学生学会的同时，更强调学生会学。进行教学设计时要抓住教学目标和所需的整体布局，设计几个板块，不预设细节，以因课堂生成而精彩、因精彩而有效为目标导向，给课堂生成留足空间而不同于以知识传播为价值取向的教学预设，是一种宽容偶然性和突发性，促成多样性和创造性的预设，可以大大提升教师和学生享受教学的愉悦感，并获得积极的情感高峰体验。不用过于精细化的设计来征服和捆绑学生的思维与想象力，扼杀课堂生成。

★第二节　数学课堂教学目标设计的基本理论

一、知识与技能

这一目标指的是双基，即数学基础知识和基本技能。其内容主要包括三类：第一类是数学定理、性质、公式、法则、公理等结论，像这样一些用于回答"是什么"问题的表述性知识；第二类是涉及第一类的运用，用于回答"做什么"的问题的程序性知识；第三类是数学操作性的技能知识。

知识与技能目标的要求可分为以下 4 个层次：

一是了解：能回忆出知识的言语信息；能辨认出知识的常见例证；会举例说明知识的相关属性。

二是理解：能把握知识的本质属性；能与相关知识建立联

系;能区别知识的例证与反例。

三是掌握:在理解的基础上,能直接把知识运用于新的情境。

四是综合运用:能综合运用知识解决问题。

"了解""理解""掌握"都是针对某一具体的数学知识而言的。"综合运用"则强调运用各种知识来解决问题。而这里所说的"问题"则包括纯数学问题和实际问题,以及介于这两者之间的应用题。需要强调的是,"掌握"是以理解为前提的单个知识的运用水平。那种会套用而不理解的水平不属于"掌握"水平。

由于综合运用的难度主要取决于知识点的数量与由已知通向答案的步骤的数量,以及思路步骤间的跨度大小,因此,综合运用层次还可以据此细分。

我们在写知识与技能目标时,可根据其知识与技能的内容和层次要求来写。比如说,"了解什么""理解什么""掌握什么""综合运用什么"。综合运用还可以再写细一些,如"使学生达到两个知识点、三步骤的综合运用水平"。

了解和理解反映了构建知识意义的水平;掌握与综合运用反映了知识迁移运用的水平。知识运用的水平可分成正用知识水平、逆用知识水平和变形使用知识水平。如"逆用……定理""逆用……公式""变形使用……公式"。

"会解""会用""解决"这些术语既指单一知识点的掌握

水平,也指综合运用水平。

二、过程与方法

过程与方法的内容是指通过数学学习过程,把握数学思想方法、形成数学能力,发展数学思维和数学意识(如统计意识、应用意识和创新意识),提高问题解决能力。

描述过程与方法目标的常见术语有:经历……过程、培养……能力、领悟……思想方法、发展……意识、学习……的问题解决方法;观察、参与、尝试;探索、研究、发现;合作、交流、反思。

在写过程与方法目标时,可根据其内容和上述术语来写。

三、情感态度与价值观

这里的情感是指在数学活动过程中比较稳定的情绪体验。数学态度是指对数学活动、数学对象的心理倾向或立场,表现出兴趣、爱好、喜欢与否、看法立场。数学态度可以演变为数学信念——对数学持有的较为稳定的总体看法和观念。数学态度包括对数学学科的态度(即数学信念)、对数学的兴趣、对数学具体内容的态度。这一维度目标的内容还包括宏观的价值观和数学审美观。例如,对数学的科学价值、应用价值和文化价值的看法;辩证法的观点;数学的简洁整齐之美、统一和谐之美、抽象概括之美、对称之美、精确之美。

刻画情感态度目标的术语有:感受……、体会……、领悟……;形成……观点、养成……的习惯、欣赏……之美。

在写情感与态度目标时,可根据其内容和上述术语来写。

✱第三节 数学课堂教学目标设计的建议

一、知识与技能目标要具体详细

对于概念,不能只空洞地写理解什么概念,而要写理解的具体内容,要做到这一点,教师首先要对概念有好的理解,即具备此概念的良好图式。概念图式的核心内容就是主体对概念的看法。良好的概念图式要求看法要多、要准确、要深刻。例如,字母 a 的良好图式是:"看死 a,它就是一个字母;看活 a,它就是一个变数,可大、可小、可正、可负;a 和 x 没有什么不同,它俩都表示数,当然,其值可能相同也可能不同;跳出代数看 a,它是某一点的坐标,某一线段的长度,某一图形的面积,某一几何体的体积,这些度量的正负是有意义的,表明了它所处的方位;……"只有良好地理解了字母 a,才有可能写出理解 a 的具体内容。

对于原理,也不能只是写理解什么原理,而要写出理解的具体内容。理解原理就是要理解原理结构的不变性和稳定性,理解其表达形式的可变性和多样性。

对于概念、原理的运用,需要按照运用的层次来写。划分水平层次的标准：一是正用、逆用、变用。二是知识点的数量，步骤的数量，步骤间跨度的大小（这是一个相对的指标，只能作定性分析。当然，我们可以用增加步骤来解决跨度大的问题，实在增加不了，可以不考虑这一指标，但要在难点之处说明）。三是学生水平层次比较接近时，可考虑完成任务的时间维度或人数比例维度（80%是个比较合理的要求）。

二、过程与方法目标要抓六个方面

传统教学是"重操作，轻理解；重知识，轻思想；重结论，轻过程"，而数学新课程则十分强调过程教学。知识分为明确知识与意会知识。知识与技能目标主要解决明确知识方面的目标，而意会知识方面的目标要通过数学学习活动的过程来实现。过程与方法目标反映了过程教学的理念，这一目标要从数学思想、数学能力、数学思维、数学意识、问题解决、活动经验这六个方面的具体内容去考虑书写，要写出具体的什么思想，这一思想的内容是什么，什么能力，什么样的思维内容，什么样的意识，问题解决中的什么内容以及什么过程。

三、情感态度与价值观目标要抓小放大

情感态度与价值观属于内隐的心理结构，不是明确知识，而是意会知识，无法通过传授而直接获得，必须通过学生的过程学习间接获得。教师在进行教学设计时，要以知识技能为基础，以过程方法为途径，在引导学生学习数学的过程中，形成良

好的情感态度与价值观。在设计这一目标内容时，着重考虑以下几个层次：

一是学习的兴趣。数学教育应使学生对数学有比较客观、正确的认识，愿意接近数学、了解数学、谈论数学，对数学现象保持一定的好奇心。这就要求课堂教学要从学生已有的生活经验、数学经验出发，注意创设良好的问题情境，使学生对问题或学习内容产生好奇，产生"我想学"的兴趣。

二是学生的参与。和其他学科相比，数学是最抽象、最不好玩、最难玩的学科。因此，数学教师要想办法使学生主动参与学习，学得快乐、学得成功，获得情感上的满足。

三是学生的体验。在数学活动中，独立思考，自主判断，体验数学概念的形成过程，体验数学原理的发现过程，体验问题解决的过程，体验数学活动的探索性和创造性，逐步形成一种对数学、对现实世界的态度和价值观。

四是学生的主体性。学生在数学学习活动中获得了强烈的主体意识，学习数学、提高自己的数学素养成为学生自身的主体愿望和自觉行为。

总之，情感态度与价值观的目标是他想学，他在学，他体验，他自觉，最终他的信念、态度被整合为完整的价值观，形成良好的个性。

在写情感态度与价值观目标时，要多写当期的、微观的具体内容的感受、体会和喜好，少写远期的、宏观的信念和价值观。例如，关于平方差公式的教学设计，有教师将情感态度与价值观目标设计为："敢于面对数学活动中的困难，并有独立克服困难的勇气和运用知识解决问题的成功体验，有学好数学的自信心；体验数、符号和图形是有效描述现实世界的重要手段，认识到数学是解决实际问题和进行交流的重要工具，通过观察、实验、归纳、类比、推断可以获得数学猜想，体验数学活动充满着探索性和创造性，感受证明的必要性、证明过程的严谨性以及结论的确定性；在独立思考的基础上，积极参与对数学问题的讨论，敢于发表自己的观点，并尊重与理解他人的见解，能从交流中获益。"显然，这样的目标太多、太全、太空，没有针对性和现实性。

四、目标主体问题

对课堂教学目标的理解有两种：一是教师要做什么，二是学生会做什么。如果把课堂教学目标理解为教师想要完成的目标，那么"使学生理解……""培养学生……""让学生经历……"等表述都是可以的，反映了这节课教师要做什么，此时教师是目标主体；如果把课堂教学目标理解为学生学习后的行为变化目标，那么前面的表述就不符合要求，应改为"理解……""培养……""经历……"，体现了学生应该会做什么，此时，学生是目标主体。从学生行为测量评估的角度，建议大家使用第二种表述。

✱第四节　几类教案设计的案例

本节将以代数章前图课教学、几何新授课教学、代数新授课教学，以及习题课、复习课等几种课型的课堂教学来实施方案，并辅以具体设计与实践案例来佐证优化教学设计的重要性和必要性，便于一线教师参考和借鉴。通过优化教学设计，提高教学的有效性从而减轻初中学生数学过重课业负担。

一、整式（章前图课教学设计）

（一）教学内容及内容解析

1. 教学内容

用字母表示数。

2. 内容解析

本节课内容属于"数与代数"领域，是在小学学习了用字母表示数，简单的列式表示实际问题中的数量关系和简易方程的基础上，进一步研究用含有字母的式子表示实际问题中的数量关系，是下一节学习单项式和多项式、整式加减，以及今后学习分式、二次根式、方程以及函数等知识的基础。理解字母表示数的意义，正确分析实际问题中的数量关系，并用代数式表示，是学习一元一次方程的直接基础，用含有字母的式子表示数量关系，体现了由特殊到一般的数学思想，对培养符号意识具有重要意义。

本节课的核心内容是进一步理解用字母表示数的意义,正确分析实际问题中的数量关系并列式表示。由于字母表示数,因而字母可以和数一样参与运算,这正是理解用整式表示数量关系的核心。用含有字母的式子表示数量关系时,需要结合具体情境,分析问题中的数量,寻找数量之间的关系,并依据数量关系用运算符号把数和表示的字母连接起来,为后续的学习提供方法上的借鉴,也为今后进行整式加减的学习作好铺垫。

基于以上分析,确定本节课的教学重点:进一步理解用字母表示数的意义,正确分析实际问题中的数量关系并用含有字母的式子表示数量关系,让学生感悟从特殊到一般、转化以及类比的数学思想。

(二)目标和目标解析

1. 目标

(1)进一步理解用字母表示数的意义,会用含有字母的式子表示实际问题中的数量关系。

(2)经历用含有字母表示实际问题数量关系的过程,体会从特殊到一般、转化以及类比的数学思想,培养符号意识;体会数式的通性通法。

2. 目标解析

达成目标(1)的标志,学生会用字母表示数,认识字母和数一样可以参与运算,能够正确分析实际问题中的数量关系,将字母看成数参与运算,能够正确列出含有字母的式子。

达成目标(2)的标志是学生能结合生活中的具体问题,分析数量关系并列式表示,从过程中体会数学思想,能够把文字语言转化为数学符号语言或者将式子置于情境中去编写实际问题,感受字母表示数的优越性。

(三)学情分析

在第一章学习中,主要学习的是数的有关概念和运算,学生习惯了用数的相关知识解决问题,由数到式的学习过程,学生感觉抽象。虽在小学的学习中有所接触,但初一学生的符号意识仍然较弱,分析问题的能力有待提高,尤其是在具体问题中,学生分析问题、寻找数量关系、确定数量关系以及用符号表示数量关系很困难,教学中要通过大量的实际问题,学生主动参与学习过程,从中感悟数学思想,体会字母表示数的优越性,以及字母同样可以参与运算,培养学生观察、分析、抽象、概括等思维能力。

本节课的难点:根据实际情况提出问题,并用式子正确表示实际问题中的数量关系。

(四)教学过程

1. 创设情境,引入课题

问题情境一:

如图 4.1 所示,同学们都玩过扑克牌游戏吧!请你在下图中分别找出表示数字 1,11,12,13 的扑克牌。

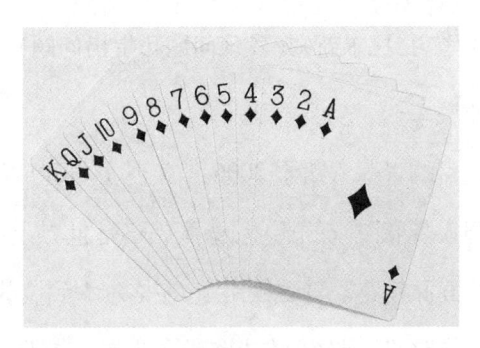

图 4.1

学生活动:独立思考,解决问题。

师生共同小结:扑克牌 A 表示数字 1,扑克牌 J 表示数字 11,扑克牌 Q 表示数字 12,扑克牌 K 表示数字 13。

教师活动:通过刚才的问题我们发现,用字母可以表示什么?

学生活动:学生发现,用字母可以表示数;师生共同得出结论,字母不是具体的数,但可以表示各种各样的数,今天我们一起学习"整式"(板书课题)。

教师活动:追问,字母 A 可以表示 1 吗?还可以表示什么数?1 还可以用其他字母表示吗?

学生活动:认真思考并回答,进一步体会字母可以表示数,且可以表示各种各样的数;相同的数可以用不同的字母表示。

设计意图:从学生生活中的现实情境体会到字母可以表示数。

2. 合作学习,探求新知(发现问题和提出问题)

问题情境二:

举世瞩目的青藏铁路于 2006 年 7 月 1 日建成通车,实现了几代中国人梦寐以求的愿望,青藏铁路是世界上海拔最高、线路最长的高原铁路。青藏铁路上,在格尔木到拉萨之间有一段很长的冻土路段,列车在冻土路段和非冻土路段的行驶速度分别是每小时 100 km 和 120 km,请根据速度、时间、路程设计问题并列式表示:

学生活动:学生在认真审题的基础上,分组交流,展示设计的问题并解决。

教师活动:关注学生答案是否正确,适时追问,板书,并适时纠正学生的表达情况。

师生小结:从刚才的学习中,不但感受到字母可以表示数,还同数一样,可以参与运算。

教师追问:字母表示数有怎样的意义呢？更简明、更具有一般规律的表达。

设计意图:

(1)通过展示图片,吸引学生的注意力,唤起学生的好奇心与求知欲,同时渗透爱国主义教育,激发学生的民族自豪感。

(2)从学生已有的教学经验和现实问题出发,建立起新旧知识间的联系,让学生体从会一般到特殊、转化的数学思想,发展学生的认知观念,通过实例研究,体会字母表示数的优越性,培养学生将文字语言转化为符号语言的意识和能力。

3. 深化新知,形成技能(分析问题和解决问题)

问题情境三:

怎样分析数量关系,并用含有字母的式子表示数量关系呢?

这是一所住宅的建筑平面图(图中长度单位:m),如图4.2所示,请你根据图例设计一个题目,并列式表达:

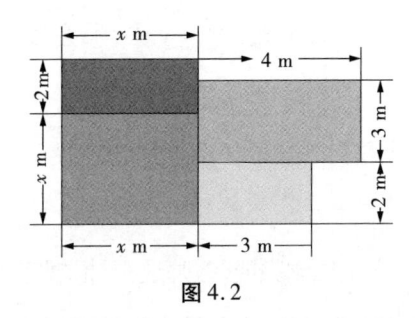

图 4.2

设计意图:熟悉用含有字母的式子表示实际问题中的数量关系,理解字母可以同数一样参与运算,为单项式和多项式概念的形成作铺垫,同时强化训练用式子正确表达数量关系(列式注意事项)。

师生活动:学生独立或分组完成,代表展示,教师指导,质疑这些式子的异同。

设计意图:熟悉用含有字母的式子表示实际问题中的数量关系,理解字母同数一样可以参与运算,为形成单项式和多项式的概念作铺垫,在用符号表示数量关系中,感受其中抽象的数学思想。

师生活动:教师引导,学生试着归纳小结字母表示数的优越性。

4. 巩固新知,深化应用

(1)一台电视机原价 b 元,现按原价的 9 折出售,这台电视机现在的售价是多少元?

(2)某公园的门票价格是成人票每张 10 元,学生票每张 5 元,一个旅行团有成人 x 人,学生 y 人,那么该团应付多少门票费?

请根据以上题目的式子任意选择一个设计一道实际问题情境的题目。

师生活动:学生独立完成,教师巡视,根据完成情况适时点拨,并质疑,举例说明求值,主要是渗透理解如何求值。

5. 小结归纳,自我完善

(1)本节课你学习了哪些知识?

(2)本节课你掌握了哪些数学方法?

(3)本节课你最大的体验是什么?

设计意图:通过小结,使学生梳理本节课所学习的内容。

6. 布置作业

必做题:教科书第 57 页习题 2.1 第 2 题,第 59 页第 1,2 题。

选做题:教科书第 59 页习题 2.1 第 4 题,第 60 页第 7 题。

二、三角形的中位线(几何新授课教学设计)

(一)内容和内容解析

1. 内容

三角形中位线。

2. 内容解析

"三角形中位线"是九年义务教育人教版八年级数学下册第 18 章"平行四边形"第 5 课时的内容。这一节内容既是前面已学过的平行线、全等三角形、平行四边形性质等知识内容的应用和深化,同时也是学习"平行四边形判定"的进一步应用,尤其是在后续判定两直线平行和论证线段倍分关系时常常用到。本节课所要探究的三角形中位线性质定理,学生没有接触过。因此,在教学设计时,要先创设有趣的问题情境,激发学生的学习兴趣,使其参与到教学活动中,引导学生动手实践操作从而猜想结论,鼓励学生对旧知识进行迁移。在三角形中位线定理的证明及应用中,处处渗透着归纳、类比、转化等化归思想,它是数学解题的重要思想方法,对拓展学生的思维有着积极的意义。经过本节课的学习,应使学生理解本定理不仅指出了三角形中位线与第三边的数量和位置关系,还为以后证明线段之间的位置关系和数量关系提供了新的依据。

基于以上分析,确定本节课的重点是理解并应用三角形中位线的定理。

(二)目标和目标解析

1. 目标

(1)经历观察、猜想、验证等过程,能够证明三角形中位线性质定理,并体会证明过程中的思想方法。

(2)能够用三角形的中位线性质定理进行有关的论证和计算,逐步提高学生分析问题和解决问题的能力。

2. 目标解析

达成目标(1)的标志:学生能够从实际问题情境中抽象出三角形的中位线,并能用合理的方法证明中位线的性质,从而渗透数学抽象、数学推理、数学模型的核心素养。

达成目标(2)的标志:能够运用三角形中位线的性质定理,通过计算、证明解决实际问题,进一步渗透数学计算、直观想象和数据分析等核心素养。

(三)学情分析

1. 学生的知识基础

学生学习了平行线的性质和判定、全等三角形的性质和判定、平行四边形的性质与判定,能根据条件添加简单的辅助线协助证明,具有基本的几何推理能力。

2. 学生的认知基础

对平行线的性质和判定、三角形的性质和判定、平行四边形的性质和判定这部分知识的应用只停留在各个知识板块之内,用得比较浅显。当需要用这些知识去解决新问题时,不能将旧知识恰当地迁移到新问题上去有效地解决。

基于以上分析,确定本节课的难点是用合适的方法证明三角形的中位线定理,体现在如何添加辅助线构图,迁移旧知识进行合理论证。

(四)教学准备

三角形纸片、剪刀、刻度尺和量角器。

(五)教学方法

初二学生具有一定的理性思维和逻辑推理能力,在前面的数学学习中具有一定的合作学习经验,为了让学生进一步经历观察、猜测、验证和证明的过程,拟采取启发式教学。在课堂教学中,始终贯彻的是学习目标要学生明确,教材让学生阅读,过程让学生参与,新知让学生发现,问题让学生提出,重点让学生感悟,内容让学生归纳,方法让学生总结。始终做到"教师为主导,学生为主体,探究为主线"的教学思想,同时关注学生的学习兴趣,使学生乐学;关注学生的意志品质,使学生勤学;关注学生的学习方法,使学生会学。通过引导学生实验、观察、比较、分析和总结,使学生充分地参与教学全过程。

(六)教学过程设计

1. 创设情境,引入课题

首先来看这样一个实际问题,B,C 两点被岛屿隔开(不能直接测量),为了测量 B,C 两点间的距离,我们在这两点之外选择一点 A,然后连接 AB,AC,分别取 AB,AC 的中点 D 和 E,若测出 DE 之间的距离,就可求出 BC 两点间的距离(图4.3)。你知道这是为什么吗?

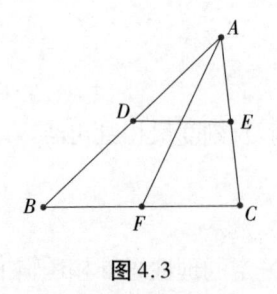

图 4.3

设计意图:实际问题是一切探究学习的根本,让学生感悟数学来源于生活,从而抽象出三角形来探究本节课的知识。激发学生学习兴趣和热情,使学生乐学。

2. 合作学习,探求新知

问题1：

动手做一做(让学生拿出自己事先准备好的三角形纸片)。

师生活动：

(1)找出三角形3边的中点(共计3个)。

(2)连接(包括三角形3个顶点,3个中点)6点中的任意两点。

(3)找出哪些线段是你已经学习过的？哪些是你没有学习过的？

设计意图:经过学生动手实践发现,有3条是已经学习过的中线,有3条是没有学习过的中位线,从而得出三角形中位线的定义,引出本节课的课题。这样设计让学生在理解三角形中位线概念的同时,无形中也对中位线和中线进行了区别与联系。

问题2：

追问1:什么是三角形中位线?

连接三角形两边中点的线段,叫作三角形的中位线。如图4.4中的 DE, DF, EF 是三角形的3条中位线。

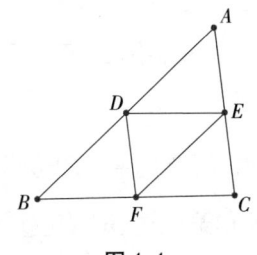

图4.4

追问2：三角形的中位线和中线有什么区别和联系？

跟踪训练：

(1)如图4.5所示，D,E 分别是 AB,AC 的中点，那么 DE 为△ABC 的(　　)。

图4.5

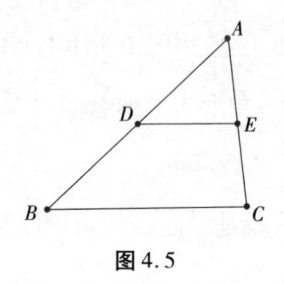

(2)如果 DE 为△ABC 的中位线，那么 D,E 分别为 AB,AC 的(　　)。

设计意图：特别设计两个小题，加深学生理解概念的内涵和外延，提高学生对图形语言和符号语言间的转化能力，为后续探究学习埋下伏笔。

问题3：

怎样将一个三角形纸片分成两部分，使分成的两部分组成一个平行四边形？

师生活动：

拿出三角形纸片，自主探索，合作交流，观察、猜想和验证，教师巡视并指导。

追问3：为什么这样组合是平行四边形？如果是平行四边形，你能猜想线段 DE 和第三边 BC 的位置关系吗？说明猜想的理由。线段 DE 和线段 BC 又有怎样的数量关系呢？说明猜想的理由。

师生活动：教师质疑的同时，并用几何画板演示和验证。学生试着验证猜想是否正确？初步形成结论。

设计意图：经历观察、猜想、验证等过程，为证明三角形中位线定理提供思想方法。

问题 4：

你能够证明猜想的结论吗？

师生活动：教师结合图形，指导学生分清已知什么条件、要证明什么结论？结合图形写出已知条件并求证。教师指导学生进行证明并板书。

已知：在 $\triangle ABC$ 中，DE 是 $\triangle ABC$ 的中位线（图 4.6），求证：$DE \parallel BC$，$2DE = BC$。

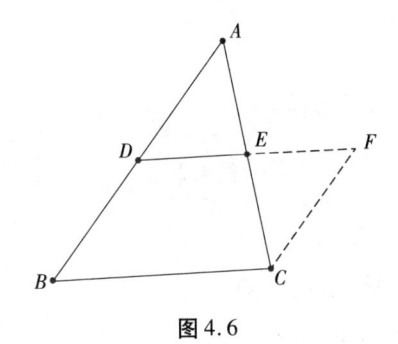

图 4.6

证明：延长 DE 至 F，使 $EF = DE$，连接 CF，

∵ $AE = CE$，$\angle AED = \angle CEF$

∴ $\triangle AED \cong \triangle CEF$

∴ $AD = CF$, $\angle ADE = \angle F$

∴ $BD \parallel CF$,

∵ $AD = BD$

∴ $BD = CF$

∴ 四边形 $BCFD$ 是平行四边形

∴ $DF \parallel BC, DF = BC$

∴ $DE \parallel BC, 2DE = BC$

追问4：你能够结合图形用文字语言归纳中位线的性质吗？

文字语言：三角形的中位线平行于第三边，并且等于第三边的一半(图4.7)。

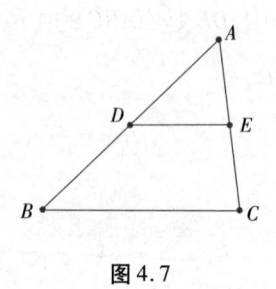

图4.7

用几何语言：

∵ DE 是 $\triangle ABC$ 的中位线

∴ $DE \parallel BC, 2DE = BC$

师生活动：教师引导学生归纳总结。

追问5：你还有其他方法证明这个结论吗？

问题5：

如图4.8所示，四边形 $ABCD$ 中，E,F,G,H 分别是 AB，BC，CD，DA 的中点，求证四边形 $EFGH$ 是平行四边形。

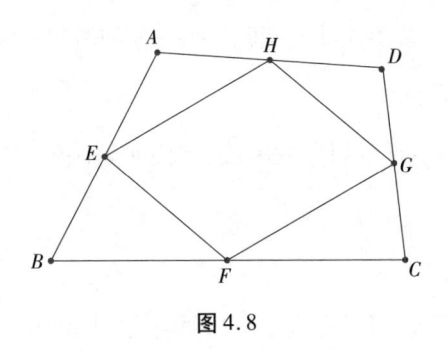

图4.8

追问6：

(1) 连接对角线的目的是什么？（出现三角形，用中位线性质）能够证明吗？会得到什么样的结论？

(2) 顺次连接任意四边形各边的中点所得四边形是平行四边形。

(3) 改变这个四边形的形状，这个结论还成立吗？

(4) 如果把上题四边形中的四边形 $EFGH$ 的四边中点连接起来，继续这样下去，所得到的四边形依次是什么四边形。由此会得到什么结论？

师生活动：学生独立思考，并试着解答，教师点拨并适时追问。

设计意图：通过追问和学生的继续探究，培养学生应用数学知识、解决数学问题的能力。而且还培养了学生归纳推理，猜想论证的能力。经历循环上述四种特殊四边形,亲身体验数学活动的探索性、创造性和趣味性。

问题 6:

现在能够解决课前的问题了吗?如何测量实际问题中 B,C 两点间的距离?

师生活动:学生思考后解决,并说明解决的办法和依据是什么?

问题 7:

本节课你学习了哪些知识?师生共同归纳小结,并请学生回答下列问题。

(1)三角形中位线和中线有什么区别和联系?

(2)三角形中位线的性质及其应用。

(3)中点四边形的证明,辅助线的添加方法。

设计意图:为使学生对所学习的知识有一个完整而深刻的印象,引导学生对所学习的知识作全面的小结,使学生对中位线性质定理掌握得更加牢固。

(七)目标检测

(1)请你设计一道利用中位线知识解决的题目,并分享给同学解答。

(2)如图 4.9 所示,线段 DE 和 AF 分别是 $\triangle ABC$ 的中位线和中线,求证:AF 和 DE 互相平分。

图 4.9

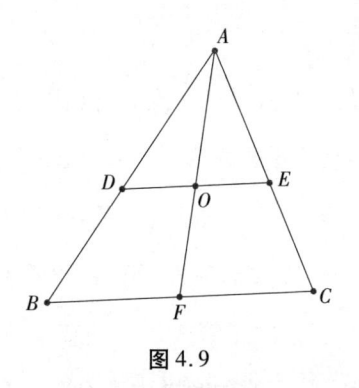

(3)如图 4.10 所示,△ABC 中,AB=6,AC=8,BC=10,D,E,F 分别是 AB,AC 和 BC 的中点,求△DEF 的周长和面积。

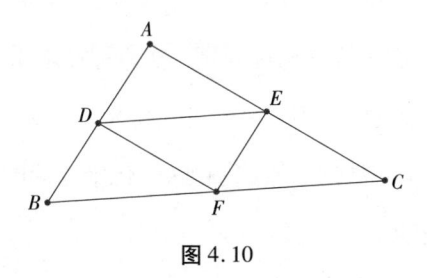

图 4.10

探究:已知△ABC 的周长为 a,面积为 S,连接△ABC 各边的中点得 △$A_1B_1C_1$,再连接 △$A_1B_1C_1$ 各边的中点得 △$A_2B_2C_2$……则第 3 次所得 △$A_3B_3C_3$ 的周长是(   ),面积是(   );第 n 次所得 △$A_nB_nC_n$ 的周长是(   ),面积是(   )。

三、一元一次不等式(代数新授课教学设计)

(一)内容和内容解析

1. 内容

一元一次不等式的概念及解法。

2. 内容解析

在初中阶段,不等式是继一次方程(组)之后,进一步探究现实世界数量关系的重要内容。不等式的研究从最简单的一元一次不等式开始,一元一次不等式及其相关概念是本章的基础知识,解任何一个代数不等式(组)最终都要化为一元一次不等式,因此解一元一次不等式是一项基本技能。另外,不等式解集的数轴表示从形的角度描述了不等式的解集,并为解不等式组做了准备,本节内容是进一步学习其他不等式(组)的基础。

解一元一次不等式与解一元一次方程在本质上是相同的,即依据不等式的性质,逐步将不等式化为 $x>a$ 或 $x<a$ 的形式,从而确定未知数的取值范围,这一化繁为简的过程充分体现了化归的思想。

基于以上分析,确定本节课的重点为:一元一次不等式的概念和解法。

(二)目标和目标解析

1. 目标

(1)理解一元一次不等式的概念,掌握一元一次不等式的解法。

(2)在依据不等式的性质探究一元一次不等式的解法过程中,体会化归思想。

2. 目标解析

达成目标(1)的标志:能够归纳一元一次不等式的定义,能够根据定义设计题目,会解一元一次不等式,并在数轴上能够表示出解集。

达成目标(2)的标志:学生能够通过类比解一元一次方程,获得解一元一次不等式的思路,即依据不等式的性质,将一元一次不等式逐步化简为 $x > a$ 或 $x < a$ 的形式,学生能够借助具体例子,将化归思想具体化,获得解一元一次不等式的步骤。

(三)学情分析

通过前面的学习,学生已经掌握一元一次方程的概念及其解法,对解一元一次方程中的化归思想有所体会但还不够深刻,因此,运用化归思想把形式较复杂的不等式转化为 $x > a$ 或 $x < a$ 的形式,对学生有一定难度。所以,教师需要引导学生类比解一元一次方程的步骤,分析形式较复杂的一元一次不等式的结构特征,并与化简目标进行比较,逐步将不等式变形为最简形式。

基于以上分析:确定本节课的难点为解较为复杂的一元一次不等式。

(四)教学方法

初二学生具有一定的理性思维和逻辑推理能力,在前面的数学学习中具有一定的合作学习经验。为了让学生进一步经历观察、猜测、推理的过程,拟采取启发式教学,在课堂教学中,始终贯彻学习目标要学生明确,教材让学生阅读,过程让学生参与,新知让学生发现,问题让学生提出,重点让学生感悟,知识让学生归纳,方法让学生总结。始终做到"教师为主导,学生为主体,探究为主线"的教学思想,同时关注学生的学习兴趣,使学生乐学,关注学生的意志品质,使学生勤学,关注学生的学习方法,使学生会学。通过引导学生实验、观察、比较、分析和总结,使学生充分地参与教学全过程。

(五)教学过程设计

1. 创设情境,引入课题

首先来看这些问题:

(1) a 与 7 的差大于 26。

(2) 一个数的 3 倍小于这个数的 2 倍与 1 的和。

(3) 小王准备用 10 元钱买笔记本和作业本,已知每本笔记本 1.8 元,每本作业本 0.6 元,他买了 3 本笔记本,设他可以买 x 本作业本,则可列式为(   )。

(4) 某次知识竞赛共有 30 道选择题,每题答对得 10 分,答错或不答扣 3 分,要使总得分超过 70 分,则应该至少答对几道题?若设答对 x 题,则可列式为(   )。

师生活动:学生先独立完成,教师巡视,根据完成情况点评,并质疑。

设计意图:本章在教学安排中,将实际问题贯穿始终,同时实际问题是一切探究学习的根本,让学生感悟数学来源于生活,从而抽象出不等式来探究本节课的知识。激发学生的学习兴趣和热情,使学生乐学。

2. 合作学习,探求新知

问题1:

请你从不等式中未知数的个数和次数两个方面去观察这些不等式的特点,并试着归纳:含有一个未知数,未知数次数是1的不等式,叫作一元一次不等式。

设计意图:引导学生通过观察给出的不等式,归纳出它们的共同特点,进而得到一元一次不等式的定义,培养学生观察、发现和归纳的能力。

师生活动:

活动1:下列不等式中是一元一次不等式的是(　　)。

A. $y + 3 \geq x$　　　　　B. $5 - 6 < 0$

C. $2x^2 - 4 \geq 1$　　　　D. $2 - x \leq 4$

活动2:下列各式:(1) $-x \geq 5$,(2) $y - 3x < 0$,(3) $\dfrac{x}{\pi} + 5 < 0$,(4) $x^2 + x \neq 3$,(5) $\dfrac{3}{x} + 3 \leq 3x$,其中是一元一次不等式的有(　　)。

活动 3：已知 $\frac{2}{3}(m+4)x^{|m|-3}+6>0$ 是关于 x 的一元一次不等式，求 m 的值。

活动 4：请你仿照活动 3 设计一道最容易让同学掉进陷阱的题目，并分享给其他同学。

设计意图：经历几个活动的实践，进一步挖掘概念的内涵和外延，培养学生辨析核心概念的能力，破解本节课的重难点。

问题 2：

你能求出不等式 $a-7>26$ 的解吗？说说你的想法。

追问 1：你解不等式的依据是什么？

设计意图：通过解简单的一元一次不等式，让学生回忆利用不等式的性质解不等式的过程，教师通过简化练习中的解题步骤，让学生明确解不等式和解方程一样可以移项，为下面类比解方程解不等式作好准备。

追问 2：回忆一下，解方程时，经历了哪些步骤？这样做的最终目标是什么？（把方程化为 $x=a$ 的形式）这个过程中最重要的依据又是什么？等式变形的过程中，等号变了吗？那么在使用不等式性质的过程中，有变化吗？

追问 3：从上题可知，解不等式的最终目标是干什么？（将一元一次不等式变形为 $x>a$ 或 $x<a$ 的形式）你能类比解一元一次方程的方法解一元一次不等式吗？

问题3：

解下列不等式,并在数轴上表示解集。

(1) $2(x+1) < 3$

(2) $\dfrac{2+x}{2} \geq \dfrac{2x-1}{3}$

师生活动:学生独立完成,教师巡视,并适时点拨,完成后展示交流。

追问4:在你解不等式的过程中,哪些地方与解方程相同?哪些地方又与解方程不同?(化系数为1时,注意根据系数符号决定不等号的方向)

设计意图:特别设计两个小题,引导学生明确解不等式的目标后,以化归思想为指导,比较原不等式与目标形式 $x > a$ 或 $x < a$ 的差异,思考如何依据不等式的性质并将原不等式通过变形转化为最简形式,以获得解一元一次不等式的步骤。

问题4：

解下列不等式,并在数轴上表示解集。

$$\dfrac{4}{5}x \geq 3 + \dfrac{x-2}{2}$$

师生活动:学生独立完成。

设计意图:设计本小题,使学生独立按照解一元一次不等式的步骤解不等式,进一步完善在本节课中存在的问题,进一步巩固本节课的重难点。

问题 5：

经历本节课的学习，你能总结本节课的学习目标吗？

怎样解一元一次不等式？解一元一次不等式和解一元一次方程有哪些相同和不同之处？

解一元一次不等式运用了哪些数学思想？

设计意图：设问题引导学生再次回顾本节课，从数学知识、数学思想方法等层面提升对本节课所研究内容的认识。

目标检测设计：解下列不等式。

(1) $-8x < 2$　(2) $-\dfrac{1}{3}x \geqslant -\dfrac{5}{6}$　(3) $3x - 7 \geqslant 4x - 4$

设计意图：设本题主要考查学生解一元一次不等式时将系数化 1 和移项的准确性。

解下列不等式，并分别把它们的解集在数轴上表示出来。

(1) $3(x + 2) - 1 \geqslant 5 - 2(x - 2)$

(2) $\dfrac{x - 1}{3} - \dfrac{x + 4}{2} > -2$

设计意图：设本题主要考查学生解一元一次不等式，并在数轴上表示解集的能力。

四、二次函数中的面积问题（习题课教学设计）

(一) 内容和内容解析

1. 内容

二次函数的面积问题。

2. 内容分析

本节内容是学生已经学习了二次函数以后,安排的一节二次函数中面积问题的习题课。对于二次函数已经有所认识,知道它是描述两个变量之间关系的重要数学模型。二次函数既是其他学科研究时所采用的重要方法之一,也是某些单变量最优化问题的数学模型,如本节课的面积最大问题,因此,对二次函数的研究将为学生进一步学习函数,体会函数的思想奠定基础和积累经验,具有承上启下的作用。

基于以上分析,确定本节课的重点为:如何确定二次函数中面积的最值问题。

(二)目标和目标解析

1. 目标

(1)能用二次函数模型解决面积的最值问题。

(2)运用二次函数解决各类与几何相关的综合题。

2. 目标解析

达成目标(1)的标志:能借助平面直角坐标系和二次函数模型设计有关三角形面积问题,并会计算与他人分享。

达成目标(2)的标志:能够结合二次函数模型解决有关面积的最值问题,体会数形结合化归的数学思想。

(三)教学问题诊断分析

从心理特征来说,初三学生逻辑思维从经验型逐步向理论型发展,观察能力、记忆能力和想象力也随之迅速发展。因此,在教学中要创造条件和机会,让学生发表见解,发挥学生学习的主观主动性。从认知状况来讲,学生此前已经学习了二次函数,对二次函数有了清楚的认识,这为顺利完成本节课的教学任务打下了基础,但对于二次函数与几何图形结合起来求面积的最值,学生可能有一定的困难。所以教学中应予以简单明白、深入浅出的分析。

本节课的教学难点:二次函数与几何综合求面积的最值。

(四)教学过程设计

【例1】 在初中阶段的学习中,我们发现,已经认识的一次函数、反比例函数、二次函数的图像中经常会出现三角形,请你以 $y=-4x, y=\dfrac{4}{x}$ 为例,在图4.11平面直角坐标系中分别设计一道与三角形面积有关的问题,并尝试解决。

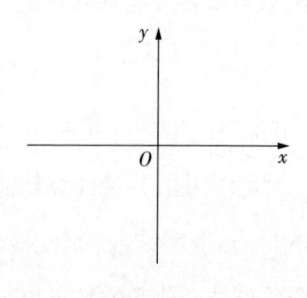

图 4.11

这个环节通过学生自己在函数图像上设计面积有关的题目,并解答。这种开放性的教学设计,让优秀生有学习的兴趣和欲望,又能帮助学困生建构起知识间的内在联系。意在学情调研,达到以学定教、先入为主的目的。同时也是让学生在知识教学的过程中学会学习,具体来说,就是掌握获取知识的方法,积累数学活动经验,形成数学思维模式,养成自主学习的能力和问题解决的能力,达到渗透学生自主学习、实践创新的核心素养的目的。

【例2】 如图 4.12 所示,已知二次函数 $y = -\frac{1}{2}x^2 + \frac{3}{2}x + 2$ 的图像与坐标轴分别交于点 A、点 B 和点 C。

(1)请你在图 4.12 中设计出与面积有关的较为简单的问题,并解决你设计的问题。

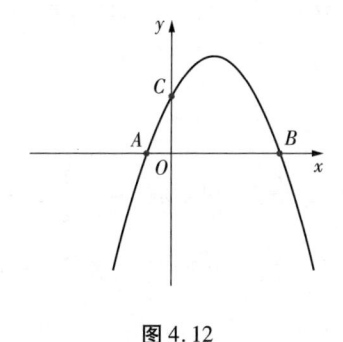

图 4.12

(2)你能完成老师设计的问题吗?

①如图 4.13 所示,如果点 D 的坐标为 $(2,3)$,如何求出 $\triangle ACD$ 的面积?

②如图 4.14 所示,如果点 F 的坐标为 $(1,3)$、点 E 的坐标

为 $(3,2)$，如何求出 $\triangle AFE$ 的面积?

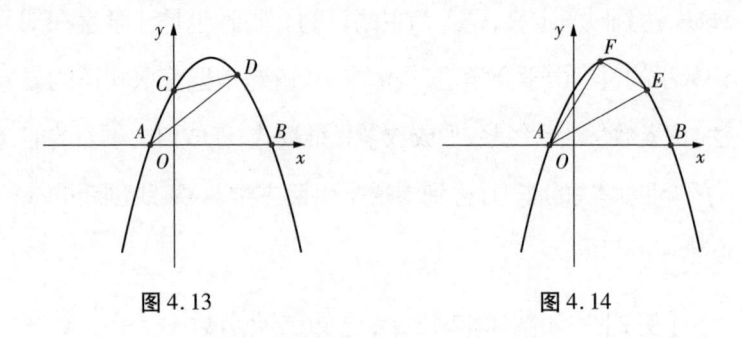

图 4.13

图 4.14

本环节从【例1】的特殊情况到【例2】的一般情况，其本质上就是数学抽象的过程，这一个过渡可以培养学生的数学抽象素养。开放的教学设计可以培养学生的数学建模、数学推理等基本数学素养；老师的问题设计能够抓住本节课的重难点，在设计上看似"形"散而"神"不散，能够渗透数学推理、直观想象、数学运算等素养。

问题1：

如图 4.5 所示，已知二次函数 $y = -\dfrac{1}{2}x^2 + \dfrac{3}{2}x + 2$ 的图像与坐标轴分别交于点 A、点 B 和点 C，$S_{\triangle ABC} = 5$。

(1) 如图 4.15 所示，你能设计与 $\triangle ABC$ 面积相关的问题吗? 并尝试解决。

(2) 如图 4.16 所示，抛物线上是否存在点 P，使 $\triangle BCP$ 的面积得 7? 为什么? 因此，还可设计怎样的问题?

图 4.15　　　　　　　　图 4.16

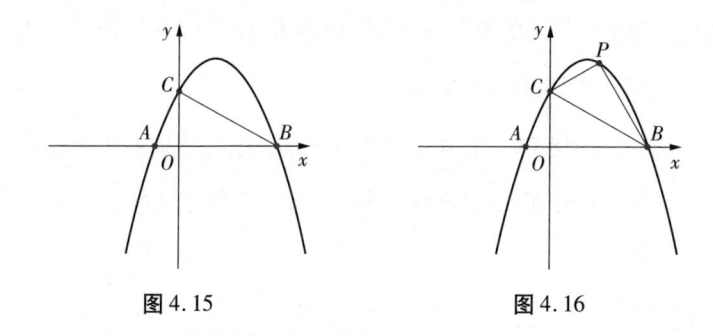

本环节围绕培养学生思维的主线再次设计了一个面积开放性问题,开放与质疑的教学设计,使课堂气氛活跃,学生积极思考,提出多个相关问题,课堂教学围绕本节课教学重难点环环相扣,知识点的层层推进使学生的认知节节高升,进一步培养学生数学抽象、逻辑推理、数学建模、想象和运算的数学素养。

问题 2:

△BCP 面积的最大值取决于什么元素? 你有怎样的发现? 因此可以引申设计出怎样的最值问题?

这个环节的设计是在学生掌握知识点和方法的"最近发展区"加以点拨,更进一步地实现了最有效的思维生长,发展探究能力,寻找题目中蕴含的规律,让学生数学思维的宽度、深度得以升华,学生的数学建模、直观想象、数学推理能力等素养再次默默渗透。

问题 3:

如图 4.17 所示,已知二次函数 $y = -\dfrac{1}{2}x^2 + \dfrac{3}{2}x + 2$ 的图

像与坐标轴分别交于点 A、点 B 和点 C,还可以设计出类似的与四边形的面积有关的问题吗?

思考:连接 BC,点 M 是图像上一点,连接 BM、CM,$\triangle BCM$ 的面积记作 S,则 S 取何值时,相应的点 M 有且只有 3 个?

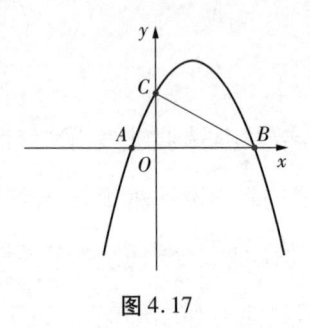

图 4.17

本环节的开放设计,意在尊重主体认知规律,顺应学生思维,尊重学生个体差异,使不同的学生在同一知识点的基础上也有不同的思维进展,达到精练一题,会一类型,目的是渗透数学建模,关注学生是否会学习,是否有创新精神等素养。

五、等边三角形与正方形(复习课教学设计)

(一)内容和内容解析

1. 内容

等边三角形和正方形的性质复习。

2. 内容解析

本节课,主要复习等边三角形和正方形的性质,本节内容是学生在已经学习了等边三角形和正方形的基础上,进一步对三角形的概念、三角形全等和轴对称知识的链接,以及对等边三角形和正方形性质的拓展与延伸,能为今后学习正多边形提供依据,也是高中学习正方体、正六面体的重要基础,因此,本节课具有非常重要的地位。

从等边三角形和正方形特殊位置关系旋转到一般位置关系可知,只要有两条边相等就是等腰三角形,体现了类比、转化,由特殊到一般的数学思想,结合等边三角形和正方形的图形,在实际应用的过程中,通过观察、分析,抽象出等边三角形和正方形的性质应用,并作图分别讨论有关等边三角形和正方形位置关系变化而量不变,体现了数形结合与类比迁移的研究思想。

基于以上分析,确定本节课的教学重点为:等边三角形和正方形的性质的应用。

(二)目标和目标解析

1. 目标

(1)进一步掌握等边三角形和正方形的性质,能运用其性质解决相关问题。

(2)在运用等边三角形和正方形的性质的过程中,感悟类比迁移的研究问题的方法,体会数形结合与特殊到一般的数学思想。

2. 目标解析

达成目标(1)的标志:学生能解决等边三角形和正方形的

相关题目,并能根据等边三角形和正方形拓展到正多边形,且知道正多边形的共性。

达成目标(2)的标志:学生在运用性质的过程中,能够体会到由特殊到一般的过程,可以由等边三角形的应用类比迁移到正方形的应用,将证明线段相等转化到证明三角形全等,更好地发现、体会和理解性质,利用等边三角形和正方形的性质的过程,能感知数形结合与类比迁移的思想。

(三)教学问题诊断分析

在练习中,对正三角形和正方形的性质不熟悉,容易忽视性质的一些隐含条件,看到图形容易忽视等边三角形和正方形的边角相等的这一重要性质,导致解题答案不完整,由于等边三角形和正方形的性质是它们所独有的,前提条件是在等边三角形或者正方形中,容易忽视,解决这个问题的关键就在于对边角相等性质的熟悉与应用,必须回归等边三角形和正方形的定义本身。

本节课的教学难点:等边三角形和正方形性质的综合应用。

(四)教学过程设计

1. 问题诊断

(1)(2013·重庆)如图 4.18 所示,矩形纸片 $ABCD$ 中,$AB=6$ cm,$BC=8$ cm,现将其沿 AE 对折,使得点 B 落在边 AD

图 4.18

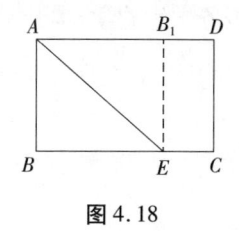

上的点 B_1 处,折痕与边 BC 交于点 E,则 CE 的长为(　　)。

A. 6 cm　　　B. 4 cm　　　C. 2 cm　　　D. 1 cm

(2)(2013·凉山)如图 4.19 所示,菱形 ABCD 中,∠B=60°,AB=4,则以 AC 为边长的正方形 ACEF 的周长为(　　)。

A. 14　　　B. 15　　　C. 16　　　D. 17

(3)(2013·龙岩)如图 4.20 所示,边长分别为 4 和 8 的两个正方形 ABCD 和 CEFG 并排放在一起,连接 BD 并延长交 EG 于点 T,交 FG 于点 P,则 GT=(　　)。

A. $\sqrt{2}$　　　B. $2\sqrt{2}$　　　C. 2　　　D. 1

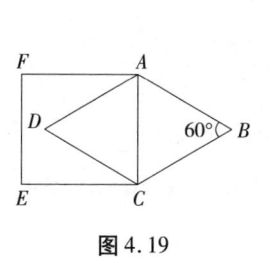

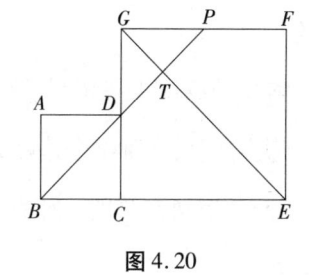

图 4.19　　　　　图 4.20

师生活动:学生独立完成,教师巡视,指导学生完成。

活动目的:诊断学生对等边三角形和正方形的性质的掌握情况。让教师根据学生的学习情况来以学定教,让教师的一切行为根据学生的学、服务学生的学、提升学生的学,瞄准本节课的路线图、方向盘和目的地,真正改变传统教学中的一厢情愿、盲人摸象的现状。

2.考点梳理

(1)四大视角看等边三角形。

边:三边长相等(等角对等边)

角:三个角相等(等边对等角)

内部:三线合一

整体:轴对称图形(对称轴是直线)

(2)四大视角看正方形。

边:四边长相等

角:四个角相等

内部:对角线相等,互相垂直平分,且每条对角线平分一组对角

整体:轴对称图形(四条对称轴)

师生活动:教师结合诊断题目的完成情况,对本节知识进行梳理,学生回答并相互补充,根据学生掌握的情况教师作强调补充。

活动意图:梳理所学的等边三角形和正方形的性质,对等边三角形和正方形再认识、再强化理解。让学生带着知识有目的地进入本节课的探索学习中。

3. 例题炼析

【例3】 已知:如图4.21所示,A,C,B 三点共线,△BCE、△ADC 都是等边三角形,AE 和 BD 有怎样的数量关系?

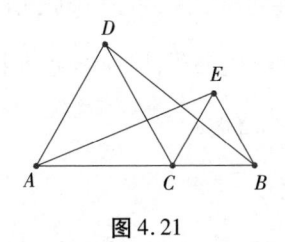

图4.21

追问1:A,B,C 三点共线是什么意思?这里知道了三角形的两个角是60°,∠DCE 是多少度?

追问2:$AE=DB$ 吗?为什么?

师生活动:教师质疑,学生思考,讨论后回答,并相互补充即可。

活动目的:让学生明白解题方法和思路,并体会数形结合与转化的思想,为后续学习奠定基础。

追问3:如果将例题置于如图4.22所示。

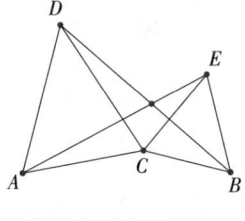

图4.22

变式1:如图4.22所示,点 A、点 C、点 B 不在同一条直线上,以 AC 和 CB 为边作等边 $\triangle ADC$ 和 $\triangle BCE$,连接 BD 和 AE。【例3】的结论还成立吗?

师生活动:学生猜想并证明,学生独自或者分组书写,教师巡视完成情况,根据书写情况,肯定成绩,指出不足。

活动目的:规范学生书写,培养学生动手的能力、主动探究的习惯和合作交流的意识。

4. 升华迁移

变式2:如图4.23所示,四边形 $ABCD$ 是正方形,G 是 CD 边上的一个动点(点 G 与点 C、点 D 不重合),以 CG 为一边在正方形 $ABCD$ 外作正方形 $CEFG$,连接 BG。

(1)猜想图4.23中线段 BG、线段 DE 的长度关系及所在直线的位置关系,不必证明。

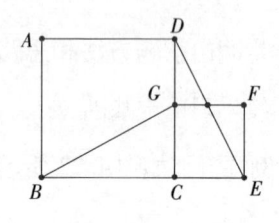

图 4.23

师生活动:教师引导学生猜想,并质疑:同样改变位置呢?

活动目的:培养学生迁移类比、发现问题的能力,让学生在"观察—发现—论证—归纳"的学习过程中自主参与知识形成的过程,从而培养学生探究问题、交流合作的意识。

(2)将图4.23中的正方形 CEFG 绕点 C 按顺时针方向旋转任意角度 α,得到如图4.24所示的图形。请你通过观察、测量等方法判断(1)中得到的结论是否仍然成立,并证明你的判断。

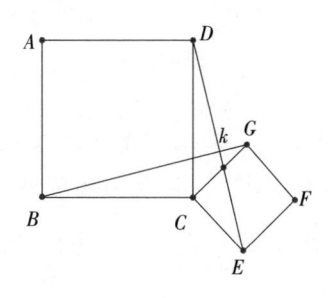

图4.24

追问1:能证明线段 BG 和线段 DE 的位置关系吗? 有不同的证明方法吗?

活动目的:展示不同的证明方法,培养学生创新思维,使学生思维的广度、宽度更大,灵活性更强。

追问2:摆在三角形的边上还成立吗?

师生活动:小组讨论,交流发言,并相互补充完善。教师引导学生猜想,并质疑:摆在三角形的边上还成立吗?

追问3:如图4.25所示,以△ABC 的 AB 和 AC 为边向三角形外画正方形 ABDE 和正方形 ACFG,连接 BG 和 CE,前面的结论还成立吗? 说明你的判断。

图 4.25

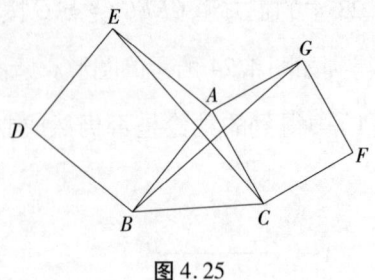

5. 目标评价

如果图 4.25 中的两个正方形换成两个正五边形(图 4.26)、正六边形(图 4.27)、正 n 边形呢?

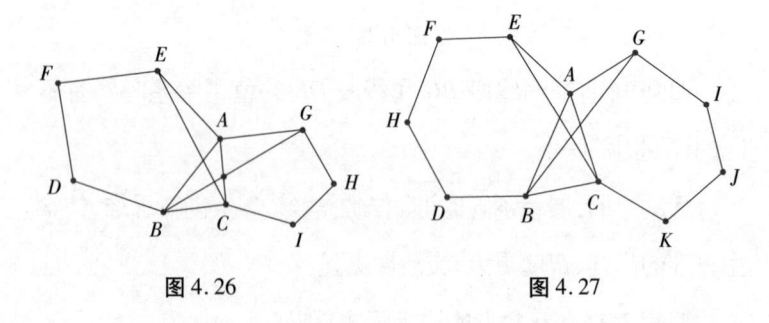

图 4.26　　　　图 4.27

师生活动:学生独立完成,教师巡视,根据学生掌握的情况适时调整。

活动目的:两个正方形换成两个正多边形,把它作为目标检测,以满足学生多样化的学习需求,体现分层次教学,使不同的学生都能获得令自己满意的数学知识,检测本节课学生的掌握情况。

6. 课堂小结

(1) 基础知识。

①四大视角看等边三角形。

边:三边长相等(等角对等边)

角:三个角相等(等边对等角)

内部:三线合一

整体:轴对称图形(对称轴是直线)

②四大视角看正方形。

边:四边长相等

角:四个角相等

内部:对角线相等,互相垂直平分,且每条对角线平分一组对角

整体:轴对称图形(四条对称轴)

(2) 思想方法:类比迁移、从特殊到一般、数形结合及转化的思想。

7. 作业设计

(1) 完成本节学案未完成的内容。

(2) 补充作业:

①如图 4.28 所示,已知 $\triangle ABC$,以 AB 和 AC 为边向 $\triangle ABC$ 外作等边 $\triangle ABD$ 和等边 $\triangle ACE$,连接 BE 和 CD,请你完成图形,并证明:$BE = CD$(尺规作图,不写做法,保留作图痕迹)。

②如图 4.29 所示,已知△ABC,以 AB 和 AC 为边向外作正方形 ABFD 和正方形 ACGE,连接 BE 和 CD,BE 与 CD 有什么数量关系?简单说明理由。

③运用①、②解答中所积累的经验和知识,完成下题:

如图 4.30 所示,要测量池塘两岸相对的两点 B 和 E 的距离,已经测得∠ABC = 45°,∠CAE = 90°,AB = BC = 100 m,AC = AE,求 BE 的长。

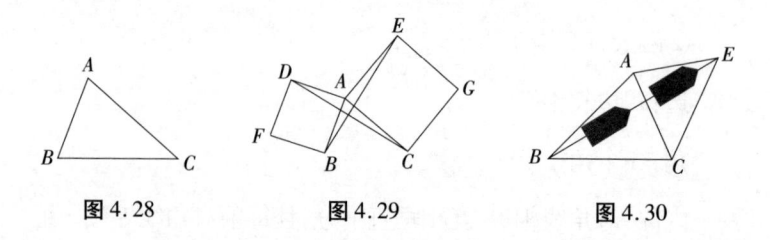

图 4.28　　　　图 4.29　　　　图 4.30

第五章 初中数学导学案存在的问题及修改建议

★第一节 导学案设计存在的问题

随着新一轮课程改革的不断推进,各种教学模式相继诞生。"学案导学"教学模式就是其中一例,学案是导学的载体,是学生自主学习和教师精讲的依据,学生要学什么、怎样学,都由导学案来牵引,因此它是学生课堂学习的指南针、路线图。导学案的质量直接关系到课堂教学的质量。而目前在实施学案导学的过程中,出现了不少质量不高的学案,纵观各科的学案，从中发现一些问题并根据这些问题提出了一些修改建议，并在最后还附了学案案例修改，供同行们参考。

一、设计学习目标存在的问题

（1）目标确定不准，维度表述混乱。在学案编写的过程中，有的目标只有知识技能目标，有的只有情感目标，有的只有过程目标。

（2）目标的表述所使用的行为动词仍然是"理解""掌握"等概括程度较高的行为动词。

（3）学习目标的行为主体不是学生仍然是教师。如"通过"学习，激发学生的学习兴趣和对科学的求知。学习的主体应该是学生，因此，学习目标的行为应该还是学生，但在这个案例中，意在激发学生学习兴趣的行为主体仍然是教师。

（4）学习目标不全面、不具体和不可测，目标单一。编写的学习目标笼统，与知识点关联不大，制订的学习目标无论放在哪个学科、哪个知识点都可以，都起不到具体作用。如培养学生实事求是的精神、合作意识，通过所学知识与实际的联系，感受知识来自生活。这个学习目标作为学科总目标来说，是没有问题的，但作为一个具体学科的一节课来说，这个目标太笼统、太大了，不好判断，也无法判断目标的达成情况。

二、设计学习重点存在的问题

在设计学案的重难点时，没有吃透课程标准，对一节课的完整知识体系框架和目标没有很好地结合起来，对学生原有的知识和技能状况、学习的兴趣、需要和思想没有有效结合，导致学习重点确定不准、表述不清，没有很好地体现突出重点和突破难点的方式和方法。

三、设计学习准备存在的问题

"学习准备"主要是为学生学习本节内容所进行的知识、方法、工具和情感方面的准备，以及学习环境与学习用具方面的准备。而不是把学习探究的内容放到学习准备内，不要把学习准备理解为课前预习内容。

四、设计学习过程存在的问题

（1）观察思考（或者"阅读思考"）没有很明确标出要观察的问题，对问题的指向不明确，导致学生在学习过程中很茫然。

（2）探究的材料和问题不具体，内容空洞，中看不中用。探究的过程层次很浅，过程设计缺乏深层次的思考和准备。

（3）学案设计缺乏新知识的形成过程，缺乏新知识的产生、发展和固化过程。如有的只设计了一些填空，让学生看书后将书上的内容搬到学案上，没有设计启发学生深层次思考的问题；甚至有的直接给出结论，而根本没有探究的过程。这种填空式和结论式学案起不到实质性的作用。

（4）学案设计中存在由简单的材料得出重要结论的现象，对探究的问题，给出的材料不足以论证结论，导致学生养成只记住结论来解决问题的习惯。

（5）学案设计中存在例题选取量太大,一节课十多个例题,只是一味地在快速解题,没有更深层次地涉及一题多解、一题多变、多题归一的训练或思考,这样将严重增加学生的学习负担。

（6）学案设计中的训练题目没有紧扣学习目标进行,更没有结合本节课的学习重难点,随意性较大。

（7）学案设计中涉及方法总结、学法小结和知识梳理时,都直接给出了结论,缺乏深层次的引导。没有启发引导学生去思考、总结,从而达不到训练学生思维、提高学生自主学习能力的目的。

（8）学案设计与教案设计界限不明确,教案是教师专用的,而学案是学生用的,很多学案表现出课堂教师上课时的语言和教师编写教案的语言。例如,"请同学们小组讨论""培养学生的××能力"等。

（9）在编写学案时,不注重知识间的衔接或过渡,显得生硬,学生读起来显得枯燥无味。

（10）编写学案时页面设计不规范,字体大小不一,格式混乱,符号不一致。

（11）问题设计太"固定",不开放,不以学生为学习的主体,没有重视学生存在的真正问题并加以解决,而是搪塞敷衍,活生生地把学生思维拉到自己设计的问题圈,不重视学生发散性思维的培养。

✱第二节　导学案设计建议

　　为了提高学案的质量，针对目前学案存在的以上问题，我们提出以下编写建议，仅供大家参考。

　　（1）在编写设计每一个学案前一定要认真钻研教材，分析学情，阅读有关参考资料，整合各种课程资源，在分析学生学情的基础上以学生的学为出发点，把学习的目标、内容、学习方法和教师的指导有机融入学习过程之中进行系统的规划设计。

　　（2）在设计导学案时，一定要结合自己的教案、教学设计来确定学习任务。明确学习目标，将重心放在学上，制订的学习目标要小而具体。

　　（3）学案是引导和帮助学生自主学习探究的方案。因此，学案设计的核心和关键在于如何引导和帮助学生去进行自主学习探究。因此，对于新知的获得、解法的探索、解题规律的总结提炼和本节课学习的总结都应以问题的形式来引导学生自己去探索、思考和总结，教师不宜直接给出答案。对于有些较难总结的内容，或者重点和关键的规律可以在引导学生自主学习探究的后面用"链接"的形式把这些规律、结论放到"学习链接"中。而对于刚进入初中的学生来说，由于探究能力和归纳概括能力还不够，可能完全让他们自己去总结提炼有一定的困难，七年级上第一章的学案中可以给出总结的规律，但一定要以提问的形式启发学生去阅读思考，第二章可以用填空的形式引导学生自己去完成，第三章可以用提问的形式引导学生自己去完成。这样由扶到放，循序渐进地逐渐培养学生反思总结的习惯和能力。

（4）学习目标的表述不要用"理解""掌握"等概括程度较高的行为动词，例如，"理解相反数的概念"，可改为"能举例说明相反数的意义"。这里把"理解"换成了"举例说明"，只要学生能够举例说清楚相反数的意义，也就达到了"理解相反数的概念"的目标，而且这种表述学生一看就知道怎样操作和是否达到，便于学生自我检测与评价。建议用表5.1对应的行为动词进行描述。

表5.1 "学习目标"和"行为动词表"

目标领域	水平	行为动词
知识与技能	了解/知道/模仿	了解——说出、辨认、举例、选出、感知 知道——描述、识别、认识、体会 模仿——复述、再认识、初步了解、初步体会、初步学会等
	理解/独立操作	理解——解释、说明、对比、分类、比较、归纳、总结、抽象、推测、推断、想象 独立操作——提取、判定、判断、会求、能运算、描述、表达、表述、表示、刻画

续表

目标领域	水平	行为动词
知识与技能	掌握/应用/迁移	掌握——导出、分析、推导、证明、研究、讨论、推广、评价 应用——使用、计算、质疑、辩护、设计、检验、总结、选择、决策、测量、解决问题 迁移——联系、转换、灵活运用、举一反三、触类旁通
过程与方法	经历/模仿	经历——观察、参与、感知、体验、尝试 模仿——操作、查阅、借助、收集、回顾、复习
	发现/探索	发现——探求、分析、梳理、整理、交流 探索——设计、寻求、研究、解决
情感、态度与价值观	反应/认同	反应——喜欢、讨厌、反对、关心、关注、初步体会、体会、感受、认识 认同——赞同、称赞、认可、支持、爱护、尊重、欣赏
	领悟/内化	领悟——养成、树立 内化——获得、提高、增强、形成、发挥、发展

(5)在编写导学案时,学生学习过程的设计是导学案的核心部分,一定要紧扣教学目标。对重点知识探究的设计既不要千篇一律、过多地探究材料,也不要直接给出所要探究的结论。建议新授课时使用阅读式探究或者引导式探究两种方式进行。第一种是阅读式探究。这是指在学案中设计一些启发性的问题,使学生带着问题去阅读、探究,进行有意义的接受学习。因此,这些问题不能设计得太简单,不能从书中直接就能找到答

案,必须使学生认真阅读思考后才能完成,这样的接受学习是主动积极地接受学习,而不是被动地接受学习。而且这样才能真正使学生通过阅读达到真正理解的目的。另一种是引导式探究。这是在学案中给出探究的材料,由实例逐步引导学生去归纳、概括获得结论。但这里的材料一定要充分,不能太少,并且要循序渐进,逐步铺设,引导学生进行探究。

(6)对于探究和归纳总结的结论,或者解题回顾和学习反思需要学生掌握的重要结论和方法,不要在学案正文中直接给出,建议在"学习链接"中给出。

(7)对于重要的结论和学生容易忽略的问题,可以用"温馨提示"等形式给出,最好还是用"想一想"等形式引导学生去认真阅读、思考和回味。

(8)为了使版面字体不单一,学案采用两种字体,正文用宋体,凡是启发学生思考的栏目和提问一律用楷体-GB-2312。

(9)学习过程建议均按知识的发生、发展和形成过程进行设计。因此,在"学习探究"中均标出了探究学习的知识要点,这样使人一目了然(见后面的范例)。

(10)为了使学案阅读自然、流畅,活动之间可用一些过渡性的语言进行衔接。

同时,为了使学案版面和形式更加活泼,可用云雾图和卡通形式给出一些提醒和注意等。

第六章 优化导学案设计的基本理论和原则

✹第一节　导学案的概念和意义

一、导学案的概念

导学案是以学生的学为出发点,由同一备课组的教师根据教学的内容、教学的目标和方法通过集体研究,个人备课,再集体研讨制订,用于引导学生自主学习,主动参与,合作探究,优化教学方式的路线图。它是帮助学生学会学习、学会创新、主动发展的方案设计。

这个定义具有以下含义：

第一,导学案是以学生的"学"为出发点和归宿,着眼于学生学什么和怎么学,所追求的是让学生学会学习、主动发展,体现了"以学定教"的教学理念。

第二,导学案是建立在教案的基础之上的,它是激发学生主动、合作学习的一种学习方案。更是教学重心的转变,既是教师把如何教学生转变为学生如何学,也是学生学习预设与生成的结合。因此,学案具有课程的属性,是一种学的课程。

第三,导学案是先学后教和少教多学的有机结合,即以导学案为载体,把教转变为导,由要我学转变为我要学,从根本上解决学生的学习方式,能更充分体现教师的主导作用和学生的主体作用。

第四,导学案是学生问题意识形成过程和创新能力培养的构建平台。它是给学生划定学习范围、指导学习方法、启发学生思考、帮助学生理解的平台。

第五,导学案是学生自主学习的方案,更是教师指导学生学习的方案。它是尊重学生的学习规律,按照学生学习的全过程设计,充分体现课前、课中、课后的发展和联系,导是指导、引导;学是学生、学习,案是方案和设计的意思。

二、导学案的意义

导学案是集教师导案和学生学案,教学合一的教与学的方案,致力于建立一种"学的课程",所要解决的核心问题是"学什么"与"怎么学"。

使用导学案具有以下几个方面的意义：

第一，导学案能够给学生提供一个自主学习的平台，学生在上课期间动笔的机会更多，主动参与的意识更强。能够很大程度地避免学生上课不听讲的现象，通过教师的巡视指导，就可以及时了解学生的学情，帮助学生端正学习态度。

第二，能够及时发现学生的思维状态，训练学生严谨的思维，规范学生不良的学习习惯，以便更及时地调整教学，使教学的针对性更强，真正达到以学定教的目的。

一份完整的、高质量的导学案，需有导读、导听、导思、导做的作用；更需要有目标要素、背景要素、知识要素、活动要素、问题要素及学法要素的显现；也需要有隐含思想要素、能力要素、对话要素、评价要素的呈现。可以将两种方式相互融合在一份导学案中。

✹第二节　导学案的设计模型

导学案设计是教师在"以学定教，同案协作"的理念指导下，根据学生的学情调查，内容安排，教材理解，在融合各种学习资源的基础上，以学生的学为出发点，对学习目标、学习内容、学习过程、学法指导、学习评价等内容进行系统研究与规划，制订高效学习方案的过程。导学案的设计要重点关注学习的全过程、学生学习的有效性、教师教学的针对性以及师生共同成长的互通性。

导学案设计环节包括学习课题、学习目标、学习重点、学习过程和学习链接。

一、学习课题的设计要求

每课时要注明章节题目。格式:版本×××,第×章　第×课时,×××节　××××(学习内容的题目)

案例1:人教版　七年级(上)　第一章　第一课时

第一节　有理数的概念

1.1.1　有理数的概念

二、学习目标的设计要求

由于学习目标是写给学生的,是给学生指出学习的方向和目标要求,因此不要用教案中教学目标的语言。例如,不要用"提高学生的……""培养学生的……"之类的语言进行设计,而要用学生明确的、易懂的、可测的行为动词,如"能举例说出……的含义""会运用公式解答……问题"等,而且目标的设计要体现三维目标,不能只有知识技能目标。

案例2:一元一次方程的概念

学习目标:

1.能举例说明一元一次方程的含义与特征并能结合概念解第××题。

2.能通过计算或者猜想、验证、归纳得出方程的解的概念,并能判断已知一个数是否是方程的解。

3.经历一元一次方程和方程的解的学习,认识数学概念的形成过程,体会归纳、演绎与类比的学习方法。

三、学习重点的设计要求

学习重点是根据学习内容的地位和作用而确定的,具有相对稳定性,而学习难点是根据学生的认知基础、学情调研,学生对新知的感悟有一定的困难而确定的,这就要根据学生的情况而定。重难点的确定要准确,表述要清楚,它可以是学习目标中的某一个或两个,但重点不要太多,它必须是一节课的核心内容和主要方法。

例如,案例2中的学习重点是"能举例说明一元一次方程的含义与特征,并能结合概念解第××题"。

四、学习过程的设计要求

学习过程是导学案的主要部分,它包括根据情境发现问题、提出问题、合作学习、探求新知、新知应用、拓展延伸、知识梳理、课堂小结、目标检测、自我评价5个方面,这5个环节其实质也暗示着学法指导。

"学习过程"的设计一般按知识的产生、发展与固化过程来写,同时要结合学生所学习的内容融合教师对学生的学法指导到学习过程之中。具体的学法指导可以用"温馨提示,建议,注意"等指导用语来融入学习内容之中指导学生学习。

1. "发现问题,提出问题"的设计

"发现问题,提出问题"的设计是需要设计学生熟悉的生活情境,或者已经学习过的知识,需要进一步研究或用已经学习的知识能够解决实际问题,让学生通过阅读、观察、思考、验证和发现新问题,并提出质疑,为后续学习铺路搭桥。

案例3:"发现问题,提出问题"的设计

1. 学习本节内容需要熟悉乘方的定义和法则,学习前可先检查自己是否熟悉,若不熟悉,可以翻阅人教版教材初一上第一章内容。

2. 同学们在利用乘法法则计算同底数幂相乘的运算时,是否感到有些烦琐?是否渴望能很快得出运算结果?学完本节内容后你的这一愿望就基本如愿以偿了!

温馨提示:

(1)不是每节课、每种课型都有"发现问题,提出问题"的设计,例如,习题课教学就没有这种设计。

(2)"发现问题,提出问题"的设计不是课前预习,不要写成看教材第××页至第××页,并回答以下问题。

2. 合作学习,探求新知的设计

合作学习,探求新知的设计是学习过程设计的核心部分,它有两个方面的含义:

一是学习怎样探究;二是探究学习的对象。学习探究的活

动过程中,要根据探究的内容以"观察(阅读)思考""归纳概括"等小栏目引导学生进行探究。

案例4:平方差公式的学习探究

1. 公式的探究

阅读探究:完成教材的"做一做",并仔细观察算式及计算结果,你发现了什么规律?请你用自己的语言叙述你发现的规律:

思路启迪:注意观察"做一做"4道计算题中每一道题由哪些部分组成,它们中每个因式的项数、符号有何相同点和不同点。

想一想:你能推导出该公式吗?推导的依据是什么?请将你推导的过程写在下面。

公式的推导:

2. 公式特征的认识

思考:1. 公式左右两边各是什么形式?

2. 公式中含有几个字母,这些字母有何特点?

3. 新知应用,拓展延伸的设计

"新知应用,拓展延伸"是在探究得出新知后,对知识进行巩固运用的设计,其设计要遵循"循序渐进"的原则,由浅入深,步步深入,设计的形式要多样,题型要多样,此处设计要力求新颖,达到一题多变、一题多解、多题归一的高度。若是公式的运用,则可设计 4 组:公式的顺用、公式的逆用、公式的变用和公式的连用;若是命题的运用,则可变为等价命题、否命题、逆命题、逆否命题等。变的方式可以是变条件、变结论、变形式、变内容、变背景等,还有从一种形式逐渐变化为另一种形式,以培养学生的知识迁移能力和创新能力。

案例 5:幂的乘方的新知应用,拓展延伸的设计

1. 计算

(1) $(10^3)^5$　　　(2) $(a^m)^2$　　　(3) $-(x^m)^3$

(4) $[(-x)^3]^2$　　(5) $[(m^4)^3]^2$　　(6) $[(a-b)^3]^4$

2. 强化练习,建立体系

下面的计算对不对?如果不对,应怎样改正?

(1) $a^2 + a^2 = a^4$　　　　　　　(　　)改正:

(2) $b^3 \cdot b^3 = 2b^3$　　　　　　(　　)改正:

(3) $x^4 \cdot x^4 = x^{16}$　　　　　　(　　)改正:

(4) $(a^5)^2 = a^7$　　　　　　　(　　)改正:

(5) $(a^3)^2 = a^9$　　　　　　　(　　)改正:

(6) $(a^3)^2 \cdot a^4 = a^9$　　　　　(　　)改正:

3. 计算

(1) $(a^2)^3 \cdot a^5$　　　　　　(2) $a^2 \cdot a^4 + (a^3)^2$

4. (1)已知:$a^m = 2$,求 a^{3m} 的值;(2)已知:$2^m = 3, 2^n = 5$,求 2^{2m+n} 的值。

5. 比较 $3^{44}, 5^{33}, 7^{22}$ 的大小。

在弄清以上问题后请做例 2 后的"随堂练习"。

4. 知识梳理,课堂小结的设计

"知识梳理,课堂小结"有两个方面的含义:一是对知识、方法和自我体验与感悟的梳理总结,它属于对学习评价的总结;二是学会如何梳理和总结,进而学会学习。这个环节的设计要遵循循序渐进的原则,可采取不同的方式,例如提问式、填空式等引导学生进行梳理总结,从而教会学生学会如何进行知识梳理和课堂小结。

案例 6:分式方程的概念的知识梳理,课堂小结的设计

①本节课我们学习了哪些知识?如何判断一个方程是分式方程?

②在利用概念解题的过程中用到了哪些数学思想?

③你还想知道分式方程的哪些知识?

5. 目标检测,自我评价设计要求

"目标检测,自我评价"主要是对所学知识进行检测和学习如何检测。在导学案的设计中,为了满足不同学生的需要,可以设计两个层次:"自我测评一"和"自我测评二"。

案例 7:平方差公式分解因式解题学习课的目标检测,巩固新知设计要求

自我评价一(体验与感悟):

1. 本节课我学习了哪些知识和方法?有何收获与感悟?

2.本课题我还有哪些问题没有弄清楚?

自我测评二(知识技能检测):

1.运用平方差公式计算

(1) $\left(\dfrac{2}{3}x - y\right)\left(\dfrac{2}{3}x + y\right)$ (2) $(xy + 1)(xy - 1)$

(3) $(2a - 3b)(3b + 2a)$ (4) $(-2b - 5)(2b - 5)$

(5) 2001×1999 (6) 998×1002

2.数学探究——等周问题

某住宅小区的花园起初被设计为边长为 a m 的正方形,后因道路的原因,将其设计修改为:北边往南平移 $x(x \leqslant a)$ m,而西边往西平移 x m。试问:

(1)修改后的花园面积和原先设计的花园面积相差多少?

(2)上述两种设计的面积之差与 x 的大小有什么关系?

(3)在周长为定值 $4a$ 的矩形中,什么时候矩形的面积最大?

(4)计算周长均为 $4a$ 的圆的面积,正六边形的面积。由此你有什么新的发现?

五、学习链接的设计

"学习链接"是指结合学习内容提供和介绍相关的学习材料及有关结论,以引导学生去自我检查和课后查阅与阅读,目的是开阔学生的视野,既可起到自我评价的作用,也可起到提示的作用。设计时可直接给出阅读材料,也可只给参考文献或网站地址。

案例8： 人教版七年级上册　第三章实际问题与一元一次方程"盈不足问题"的拓展性链接

阅读材料：

在介绍"盈不足问题"前，先讲一个杨损考吏的故事。

杨损是我国唐代一位清正廉明的官员，有一次，他打算从属下某部门的两名官吏中选拔出一个提升。在对他俩的资历、职位和政绩等作了一番考查、评比之后，发现两人情况不相伯仲。究竟提升谁好呢？主管这项工作的官员感到很为难，一时无法决定，于是请示杨损，杨损听了介绍以后，想出了一个方法，他说："本部门办事所需具备的技能莫过于计算了，现在我出一道计算题考考他们的计算能力。"这道题是这样的：

"有人于黄昏时分在林中散步，无意中听到几个盗贼在分赃，大概偷的是布匹。只听得盗贼说，如果每人分6匹布，就余5匹；如果每人分7匹，就差8匹。试问有几个盗贼在分多少匹布？"

杨损将这道题说给两名候选官吏，要求他们把题目记下来，并且当场演算，同时，杨损还宣布：谁先算对答案，就提拔谁。

过了一会儿，其中一名官吏呈上了正确答案："共有13个盗贼，83匹布。"于是，他马上就被宣布得到提升。由此，杨损也得到了清正廉明、办事公道、任人唯贤的好名声。

以上杨损考吏所提出的这类问题,就是我国乃至世界数学史上很有名的"盈不足问题。"

"盈不足问题"作为我国数学的古典名题,在2000多年前的《九章算术》一书中就有很多详尽而深刻的阐述。它的典型形式,如书中的"共买鸡问题":今有共买鸡,人出九,盈十一;人出六,不足十六。问人数、鸡价各几?

题意是:有若干人一起买鸡,如果每人出9文钱,就多出11文钱;如果每人出6文钱,就相差16文钱,问买鸡的人数、鸡的价钱各是多少?

请用方程解上述问题,并归纳求解"盈不足问题"的方法。

★第三节 初中数学导学案的设计原则

一、目标性原则

目标性原则包括两个方面的含义:一是学习过程中各个学习环节与学习内容的设计安排都必须紧紧围绕学习目标进行;二是学习评价的设计要以学习目标为标准,学习目标的设立既要能激发学生的学习欲望,明确学习意向,对所学知识的内容产生一种期盼的心情,又要能为学生的学习探究过程与学习效果提供一个明确而有效的评估或评价(包括过程性评价与结果性评价)依据和标准。在编制学案时,不论是对教材的理解与挖掘，公式、定理的推导，还是例题和练习题的设计，学生的反思小结，学习评价的设计都应以目标的达成为核心进行组织、安排和设计。

学案设计中贯彻这一原则时有以下要求：

(1)学习目标要准确具体。由于学习目标的行为主体是学生，设计时必须要从学生的角度出发，要树立一种"学"的课程意识。目标的指向要具体直观，要用学生学习的内在心理过程和外在行为表现相结合的语言来描述，即用学生熟悉的、动作指向明确的语言进行表述。不要笼统地使用"了解""理解""掌握"等术语，而多用"知道""说明""举例""解释""比较""推测""整理"等词语。关于如何准确具体地设计学习目标，我们将在下一章中进行论述。

(2)针对性要强。其主要有两个方面的要求：一是要针对学生的"最近发展区"来设计学习目标，要准确把握学生的实际发展水平与需要达到的目标之间的差距，使所设计的学习目标既要以学生已有的知识经验为基础，又是学生经过努力才能达到的目标；二是学案中每一内容的确定、每项活动的安排，都要针对某一具体的学习目标的达成来设计。

(3)要有目标意识。进行学案设计时，设计者必须要有目标意识，真正把学习目标作为学习材料选择、学习活动安排、学习方法指导以及学习评价设计的重要依据或准则。只有教师具有强烈的目标意识，在设计时，才能把这种目标意识体现在学案的字里行间,由此培养学生的目标意识,使学习目标真正成为学生学习活动的指南。在实际学案设计中,我们发现有的学案把学习目标作为摆设,有的学案根本就没有学习目标,从而导致学习内容设计随意性大、学习活动指向不明、学习重点不明确等弊端,甚至有的学案所设计的学习内容和学习活动与学习目标相脱离,从而严重影响了学案设计的质量。

学案设计中贯彻启发指导原则时有以下几点要求:

(1)认真钻研教材和分析学情。只有深入钻研理解教材,认真全面地分析学情,才能真正把握教材,才能知道哪些内容或问题是学生学习的重点、难点和薄弱点。在学案设计时,才能针对这些学习要点进行有效的铺垫、提示、点拨与引导。例如,对于学生学习新知识时需要用到原有的某一知识,但由于间隔时间较长,大多数学生已遗忘,在学案设计时就要在"学习准备"中启发指导学生去进行复习。

(2)启发指导要恰当和适度。恰当是指要根据教材内容和学生的实际情况,在学生需要时进行适时点拨和指导。适度包括两个方面的内容:一是指数量要适度,不要过多、过滥,要让学生自己通过思考找到解决问题的方向和思路;二是指提出启发思考的问题难度要适度,所提出的问题对于学生而言要具有潜在的心理意义,使大多数学生在通过一定的思考与探究后能够获得答案或发现结论。

(3)启发性问题要简明、生动、有趣、富有价值。首先,提出的问题要明确具体，便于学生理解和操作；其次，所提出的问题要能够激发学生的"三欲"，即求奇欲、求知欲和求识欲；再次，问题的叙述形式要生动、新颖、亲切；最后，在内容上要有价值，要围绕学习的重难点设计问题，并能较好地体现数学的科学价值、应用价值、文化价值和美学价值等。

（4）启发性问题要有挑战性。其主要体现在两个方面：一是提出的启发问题要在学生思维的"最近发展区"内并有一定的难度，要使学生意识到，要解决学案中设计的问题，不看书不行，看书不细致也不行，光看书不思考不行，思考不深不透也不行。二是设计的问题要有一定的开放性，要有利于培养学生的问题意识、探究意识和创新意识；在思维能力上，要能够促进归纳思维与演绎思维和谐发展。特别是要加强归纳问题的设计，大多数学生创新能力弱，主要弱在归纳能力上。设计时要体现"开而弗达"的思想，呈现给学生的不是结果，而是能够生成结果的事实与现象；给他们提供面对事实或现象的机会，使他们能够在宁静的观察思考中，做出大胆的归纳猜测。

二、循序渐进原则

循序渐进原则是指学案的设计要结合数学学科的逻辑结构和学习者的身心发展规律，有次序、有步骤、由易到难地逐渐进行，从而使学习者能够有效地掌握系统的知识技能，促进身心健康发展。

循序渐进原则是数学知识发展的客观要求,也是学习受制于学生身心发展规律的反映。我们知道,数学知识具有严密的逻辑结构体系,知识的前后顺序不能颠倒。学生要学习系统的数学知识,就必须遵照数学知识的逻辑顺序,掌握其基本结构,否则,就会逻辑混乱,杂乱无章;就会只见树木不见森林,看不到知识的全貌,从而造成学习上不必要的困难,还可能使数学学习异化为断章取义和死记硬背。

学案设计中贯彻这一原则时有以下几点要求:

1. 要把握好三个"序"

(1)学习内容的序。一般来说,课程标准和教科书体系与相应年级学生认识能力、掌握知识的顺序是相适应的。因此,设计者在设计学案前必须认真钻研教材和课程标准,掌握好教材内容的体系以及知识之间的内在联系,并把它们体现在学案材料的组织编排之中,使得学案中的知识保持应有的逻辑关系和结构体系(虽然当今的数学教学不再追求严密的形式化系统,但必要的逻辑结构还是应该要的)。

(2)学习活动的序。荷兰著名数学家和数学教育家弗莱登塔尔指出:"学校中的学习不是那些封闭的系统,而是作为一项人类活动的数学,是从现实生活开始的数学化过程。"既然数学是人类的一项活动,那么数学学习活动就必然要遵循人们的认识规律:实践—认识—再实践—再认识—……学案作为学习活动的方案,在设计时应坚持为实践服务的原则,尽可能让学生经历知识的产生与形成过程,使他们在实践中发现并提出问题,在实践中探寻规律和结论。从数学思维的角度来讲,就是先开展归纳活动,再开展演绎活动。

(3)学习过程的序。一般而言,任何学习过程都需经历先模仿熟悉,再理解掌握,最后达到灵活运用这三个阶段。在学案设计中,不要一味贪多、急于求成,要善于把教材内容进行分解,化难为易、化繁为简,从学生已有的知识经验出发,由易到难、由浅入深、由近及远地安排各个学习环节,使学生的学习能够真实地循序渐进、拾级而上。

2. 把握好设计的层次性

(1)知识内容设计的层次性。从整体来看,学案体现了一个相对完整的学习过程,完成了学案中的学习内容,就完成了一个学习循环周期:课前—课中—课后。这一点,在第一章中曾讨论过。课前学习主要是一种准备性的学习,所要达到的是"最近发展区"的前端水平,相应的学习内容应以梳理旧知识和直观感受事实性的新知识为主。课中学习主要是一种师生互动的学习,所要达到的是"最近发展区"的后端水平,学习内容应以概念性知识与方法性知识为主。课后学习主要是一种反思拓展性的学习,其目的是使学习达到"后发展区"的水平,是学生对所学知识的意义与价值的评价与认识，因此，设计时应以价值性知识为主。这样的设计可以使学生的学习不但在知识层面上经历了一个由低到高的过程，即从事实性知识到概念性知识与方法性知识，再到价值性知识，而且在思维层面上也经历了一个由低到高的过程，即从感性思维水平到理性思维水平，再到辩证思维水平。

（2）问题设计的层次性。"问题是数学的心脏！"问题是学案构成的核心要素之一，从一定角度讲，问题也是学案的心脏。一个好的数学学案应体现"问题驱动"的教学原理，应以不同层级的问题作为学生学习、探究的导向以及学习进程的标志。因此，问题设计的层次性是学案设计必须要处理好的一个问题。在实际设计中，我们把学案中所涉及的问题（包括习题）分成由低到高六种类型：识别性习题、程序性习题、变式性习题、应用性问题、拓展性问题和情境性问题（详见本书第七章）。这些分类是针对学案整体而言的，若对于学习活动而言，则常常将问题设计成"问题串"的形式，为了提高"问题串"的层次性，可根据澳大利亚教育心理学家毕哥斯（J. B. Biggs）和科林斯（K. F. Collins）所提出的 SOLO 分类理论进行"问题串"的设计。

根据 SOLO 分类理论可将"问题串"中的问题设计成如下四种水平：

①单一结构水平问题：只使用一条相关的线索或一份资

料,就得出问题的答案。

②多元结构水平问题:直接利用问题中两条或更多的相互独立的信息,可得出问题的答案。

③关联结构水平问题:只有把问题的各种信息整合为一个有机整体,才能得出答案。

④拓展抽象水平问题:解答时,需要从问题所蕴含的信息中提取抽象的一般原理。

第七章 优化导学案设计策略及设计模型

✱第一节　导学案设计的格式建议

为了导学案更加规范、统一，建议编写导学案时严格按照以下格式要求进行编写。

1. 字体、间距要求

（1）字体：章节字体为宋体，四号字加黑，居中。栏目字体宋体小四加黑，左顶格；正文五号字，宋体或楷体 GB-2312（凡是启发学生思考的栏目和问题，如“思路启迪”“解题反思”“想一想”“学习反思”等均用楷体）。

（2）间距：间距最小值 18 磅，五号字，宋体或楷体 GB-2312。

2. 5个基本符号". ""?"";""、"":"

文中只用以上5个符号。栏目的几个问题或题中几个问题之间用";",栏目的几个问题或题中几个问题最后一个问题结束用"。"。

3. 3个特殊标记符号"●""★""※"

(1)"●"用于探究新知的活动栏目前面,如"●观察(阅读)思考""●归纳概括"。

(2)"★"用于启发思考和提醒的栏目与活动,如"★想一想""★试一试""★特别提醒""★思路启迪""★解题反思"和"★变式练习"等。

(3)"※"用于较难的问题、习题或超出教材要求的问题。

4. 章节及课时标号、图的标号与格式

(1)章节用符号"§2.3",表示第二章第三节。

(2)图的标号。文中的图形下一律用符号"图x-x-x"表示,如"图2-3-4"表示第二章第三节第4个图。

(3)图的格式。所有图形一律用"版式"中的"四周型"。

5. 公式编辑器的使用

文中的分数、公式、代数式等数学式全部用公式编辑器。公式编辑器中不能输入任何文字。

6. 加黑内容

所有栏目和大的环节全部加黑。

7. 云雾图的使用

云雾图可以增加可读性和丰富画面。学生提出的思考问题和注意事项或提醒都可以用云雾图表示。

✱第二节 几种类型导学案栏目格式

一、新知学习课

【学习目标】(注意:三维目标,行为主体是学生,不要用教学目标的表述语言!)

1.

2.

3.

【学习重点】

【学习过程】

(一)发现问题　提出问题

(二)合作学习　探究新知

1.×××知识的获得(标注要探究学习的知识)

- 观察思考(或"阅读思考""操作思考")

- 归纳概括

★想一想:(1)

2.×××知识的应用

例题：

★思路启迪（用楷体 GB-2312！以提问的形式引导学生认真审题，寻找解题思路，不要直接告知解题思路和方法）

解：

★解题反思（用楷体 GB-2312！以提问的形式引导学生进行全课的反思总结，答案可以放到【学习链接】中）

★拓展延伸

(三) 目标检测　自我评价

自我评价（用楷体 GB-2312！以提问的形式引导学生进行全课的反思总结，答案可以放到【学习链接】中）

【学习评价】

自我测评一：(只针对本节课学习的知识设计)

自我测评二：(与前面知识综合)

【学习链接】(不是作业题，而是前面的探究内容、反思总结的内容和知识拓展的内容，包括引导学生去查阅的网站、图书资料等)

参考答案：

二、解题学习课栏目设置

【学习目标】

1.

2.

3.

【学习重点】

【学习过程】

(一)问题诊断(几个基础性题目检测)

(二)例题练析(不要超过3个例子!)

例1 ×××

★思路启迪(用楷体 GB-2312！以提问的形式引导学生认真审题,寻找解题思路,不要直接告知解题思路和方法)

解：

★解题反思(用楷体 GB-2312！以提问的形式引导学生进行全课的反思总结,答案可以放到【学习链接】中)

★变式练习(1~2个)

例2 ×××

★思路启迪(用楷体 GB-2312！以提问的形式引导学生认

真审题,寻找解题思路,不要直接告知解题思路和方法)

解:

★解题反思(用楷体 GB-2312！以提问的形式引导学生进行全课的反思总结,答案可以放到【学习链接】中)

★变式练习(1~2个)

例3 ×××

★思路启迪(用楷体 GB-2312！以提问的形式引导学生认真审题,寻找解题思路,不要直接告知解题思路和方法)

解:

★解题反思(用楷体 GB-2312！以提问的形式引导学生进行全课的反思总结,答案可以放到【学习链接】中)

★拓展延伸(1~2个)

(三)学习反思(用楷体 GB-2312！以提问的形式引导学生进行全课的反思总结,答案可以放到【学习链接】中)

【目标检测　自我评价】

自我测评一:(本课学习内容的直接应用:单个知识点或两个知识点)

自我测评二:(本课知识与以前知识的综合应用,2~3个知识点综合)

【学习链接】

参考答案:

三、复习课学习导学案栏目格式

【学习目标】(注意:三维目标,行为主体是学生,不要用教学目标的表述语言!)

1.

2.

3.

【学习重点】

【学习过程】

(一)问题诊断(几个基础性题目检测)

(二)知识梳理

1. 本章知识框架结构

2. 知识要点梳理

(三)例题练析(不要超过3个例子!)

例1　×××

★思路启迪(用楷体 GB-2312！以提问的形式引导学生认真审题,寻找解题思路,不要直接告知解题思路和方法)

解:

★解题反思(用楷体 GB-2312！以提问的形式引导学生进行全课的反思总结,答案可以放到【学习链接】中)

★变式练习(1~2个)

例2　×××

★思路启迪(用楷体 GB-2312！以提问的形式引导学生认真审题、寻找解题思路,不要直接告知解题思路和方法)

解:

★解题反思(用楷体 GB-2312！以提问的形式引导学生进行全课的反思总结,答案可以放到【学习链接】中)

★变式练习(1~2个)

例3 ×××

★思路启迪(用楷体GB-2312！以提问的形式引导学生认真审题,寻找解题思路,不要直接告知解题思路和方法)

解：

★解题反思(用楷体GB-2312！以提问的形式引导学生进行全课的反思总结,答案可以放到【学习链接】中)

★变式练习(1~2个)

(四)目标检测

自我评价(用楷体GB-2312！以提问的形式引导学生进行全课的反思总结,答案可以放到【学习链接】中)

【学习评价】

自我测评一：(本课学习内容的直接应用：单个知识点或两个知识点)

自我测评二：(本课知识与以前知识的综合应用,2~3个知识点综合)

【学习链接】

参考答案：

★第三节　导学案设计范例

范例1　§14.3 "公式法分解因式"解题学习导学案

【学习目标】

1. 能熟练运用几种方法分解因式。
2. 能正确运用分解因式的方法进行计算、求值和证明。
3. 通过运用分解因式的方法进行计算、求值与证明的过程,认识因式分解的价值和作用,体会解答中用到的数学思想方法。

【学习重点】

能运用分解因式的方法进行化简、求值和证明。

【学习过程】

(一)问题诊断

前面学习了分解因式的各种方法,今天我们利用分解因式的知识来解决一些化简求值及证明的问题。先回忆分解因式的意义和分解因式的几种方法。

● 知识要点回顾

★ 分解因式的意义。

★ 分解因式的常用方法有哪些? 能举例说明吗?

★想一想:(1)分解因式与整式乘法是什么关系?能举例说明吗?(2)分解因式是整式的什么变形?如何检验分解是否正确?

• 分解因式的应用

(1) $4k^2x^3 - 8k^2y^3$ (2) $16x^2 - 4y^2$

(3) $a^5 - a$ (4) $a^3 - 2a^2 + a$

(5) $a^2 - b^2 - a + b$ (6) $a^2 - 2ab + b^2 - c^2$

(7) $x^2 + 6x + 8$

★解后反思:正确运用各种方法分解因式的关键是什么?

(二)例题炼析

例1 利用分解因式计算:

(1) $1.222^2 \times 9 - 1.333^2 \times 4$

(2) $\dfrac{2^{2011}}{2^{2010} - 2^{2012}}$

(3) $105^2 + 190 \times 105 + 95^2$

★思路启迪:本题所给式子有何特征?如何才能达到简化计算的目的?

解:

★解题反思:

(1)解这类题的关键是什么?

(2)本题的解答过程中用到了哪些知识?

★变式练习(自己设计):请同学们根据例1设计一道变式练习题并解答。

例2 已知 $\begin{cases} 2x+y=3 \\ 5x-3y=-2 \end{cases}$,请用几种方法求代数式 $(2x+y)(2x-3y)+3x(2x+y)$ 的值,并比较哪种方法更简便。

★思路启迪:请仔细观察所给方程组的式子与要求代数式之间有何关系?看能否用得上已知条件?

解:

★解题反思:(1)解这类题的关键是什么?(2)本题的解答过程中用到了哪些知识和方法?

★变式练习:已知 $x+y=1$,求 $\frac{1}{2}x^2+xy+\frac{1}{2}y^2$ 的值。

★思路启迪:对于(1)题,仔细观察已知与所求式的特点,思考如何才能用到已知条件。

例3 已知：a,b,c 为 $\triangle ABC$ 的三边长，求证：$(a^2+b^2-c^2)^2-4a^2b^2<0$。

★思路启迪：请仔细观察不等号左边的式子有何特点？要证左边的式子小于零，即证明它的值为负。怎样确定一个整式值的正负？能否与分解因式相联系？

解：

★解题反思：(1)解这类题的关键是什么？(2)本题的解答过程中用到了哪些知识？

★变式练习：已知 a,b 为任意实数，求证：$a^2+b^2\geq 2ab$。

(三)学习反思

1. 利用分解因式可解决哪些问题？

2. 通过本节课的学习你有何体会与感悟？

【目标检测　自我评价】

自我评价一(体验与感悟)：

1. 本节课我学到了哪些知识和方法？有何收获与感悟？

2. 本课题我还有哪些问题没有弄清楚？

自我测评二(知识技能检测):

1. 利用分解因式计算:

(1) $144 - 12 \times 46 + 23^2$

(2) $\dfrac{1000^2}{252^2 - 248^2}$

2. 先分解因式,然后求值:

(1)已知:$3x + 2y = 5$,求多项式 $9x^2 + 12xy + 4y^2$ 的值。

(2)已知:$a = -\dfrac{1}{8}, b = 2$,求多项式 $\left(\dfrac{a+b}{2}\right)^2 - \left(\dfrac{a-b}{2}\right)^2$ 的值。

3. 已知:a, b, c 为 △ABC 的三边长,求证:$a^2 - b^2 - c^2 - 2bc < 0$。

4.已知多项式 $x^2 + 5x - m$ 有一个因式是 $x + 1$,求 m 的值。

范例2　§11.3 "三角形角平分线的性质"学习案

【学习目标】

1.能够观察发现三角形的3条角平分线的性质并能证明。

2.能利用三角形角平分线的性质,解决一些有关计算和证明问题。

3.通过三角形角平分线性质的获得和应用,体会归纳发现和推理证明的思想方法,感悟角平分线性质的价值和作用(进一步发展学生的推理证明意识和能力)。

【学习重点】

三角形角平分线的性质。

【学习过程】

(一)发现问题　提出问题

1.角平分线的定义是什么?

2. 角平分线上点有何性质？到一个角的两边距离相等的点有哪些特征？

我们已经学习了一个角的平分线的性质和判定,那么在一个三角形内的3个角的平分线有何性质呢？现在就来学习探究它。

(二)合作学习　探究新知

1. 三角形角平分线的性质的探究

● 操作思考

请在图7.1的3个三角形中画出它的3条角平分线,观察这些角平分线有何共同特征？

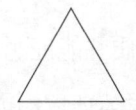

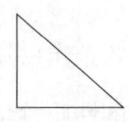

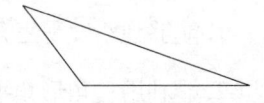

图 7.1

● 归纳概括

由上面的观察你得出了什么结论？请把你的猜想写在下面：

（链接1）

★想一想：你能否结合图形用符号表示你的猜想？

• 推理证明

如图 7.2（图太特殊！）所示，设 △ABC 的角平分线 BM 和 CN 交于点 P，求证：点 P 在 ∠BAC 的平分线上。

图 7.2

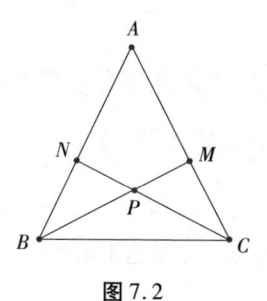

★思路启迪：要证点 P 在 ∠BAC 的平分线上，则点 P 应满足什么条件？由此该作什么辅助线？

证明：

★想一想

（1）根据上面的证明过程你发现 3 个角平分线交点有何特征？由此，三角形角平分线的性质的完整表述为：＿＿＿＿

＿＿＿＿＿＿＿＿＿＿＿＿＿＿＿＿＿＿＿＿＿＿＿＿＿＿＿

(2)三角形的3条角平分线交于一点,若设这一点到其中一边的距离为 m,3 边长分别为 a,b,c,则三角形的面积 $S=$ _____。(链接2)

(3)到三角形3条边的距离都相等的点在什么地方?以该点为圆心、该点到三边的距离为半径画圆,则该圆与三角形有何关系?

注:我们把三角形3条平分线的交点称为三角形的内心。(为什么?你能说出道理吗?)

2.性质的应用

例1 如图 7.3 所示,在 $\triangle ABC$ 中,$\angle ACB=90°$,点 O 为 $\triangle ABC$ 的3条角平分线的交点,$OD\perp BC$,$OE\perp AC$,$OF\perp AB$,垂足分别为点 D,E,F,且 $AB=10$,$BC=8$,求点 O 到3边 AB,AC,BC 的距离。

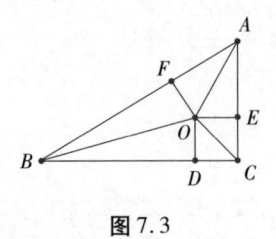

图 7.3

★思路启迪:点 O 有何特性?点 O 到3边 AB,AC,BC 的距离与三角形的面积有何关系?

解：

★解后反思：本题的解答用到了哪些知识？解题思路是什么？你能写出本题的一些变式题吗？

★变式练习

(1)已知：△ABC 中，BP，CP 分别是∠ABC 和∠ACB 的角平分线，且交于点 P，若 P 到边 AB 的距离为 3 cm，△ABC 的周长为 18 cm，则△ABC 的面积为_____。

(2)如图 7.4 所示，在△ABC 中 AC=BC，∠C=90°，AD 是△ABC 的角平分线，DE⊥AB 于 E。

①已知：CD=4 cm，求 AC；

②求证：AB=AC+CD。

图 7.4

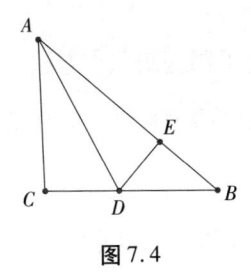

(3)3条公路围成了一个三角形区域 ABC,如图 7.5 所示,现要在这个三角形区域内建一个果品批发市场,到这 3 条公路的距离相等,试找出批发市场的位置。

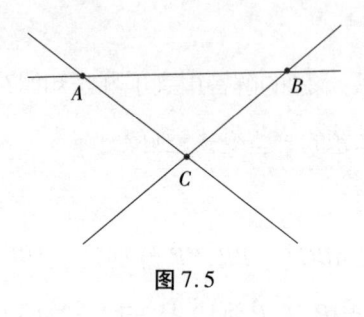

图 7.5

(三)目标检测 自我评价

【学习评价】

自我评价一:

1.本节课我学习了哪些知识和方法?有何收获和感悟?

2.本节课我还有哪些内容没有弄清楚?

自我测评二:

1. △ABC 中,∠ABC 和∠BCA 的平分线交于点 O,则∠BAO 和∠CAO 的大小关系为_____。

2. Rt△ABC 中,∠C=90°,BD 平分∠ABC,CD=n,AB=m,

则△ABD 的面积是_____。

3. 如图 7.6 所示,已知∠C = 90°,∠B = 30°,AD 是 Rt△ABC 的角平分线,求证:BD=2CD。

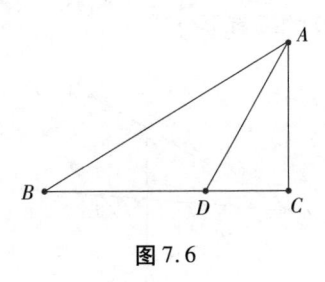

图 7.6

4. 如图 7.7 所示,△ABC 的外交∠CBD 和∠BCE 的平分线相交于点 F,求证:点 F 在∠DAE 的平分线上。

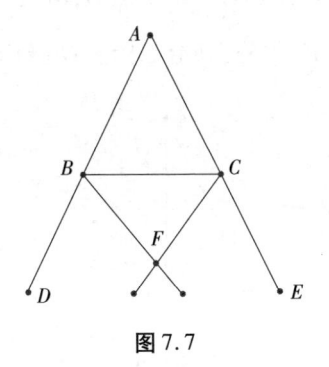

图 7.7

5.如图 7.8 所示,已知点 P 是 $\angle AOB$ 的平分线上的一点,$PC \perp OA, PD \perp OB$,垂足分别为 C 和 D,求证:

(1) $OC = OD$;

(2) OP 是 CD 的垂直平分线。

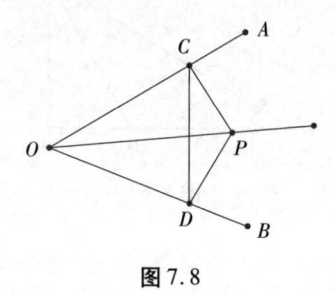

图 7.8

6.如图 7.9 所示,$CD \perp AB$ 于点 D,$BE \perp AC$ 于点 E,BE 和 CD 交于点 O,且 AO 平分 $\angle BAC$,求证:$OB = OC$。

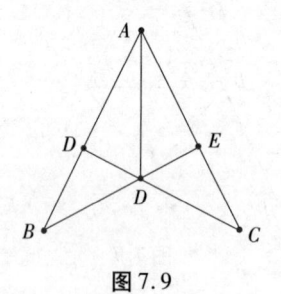

图 7.9

【学习链接】

链接1:三角形的3条角平分线相交于一点,$S = \dfrac{1}{2}(a+b+c)m$。

链接2:怎样在三角形中画一个最大的圆?

第八章 初中数学导学案的设计类型

✯第一节 数学概念课学习的基本过程

　　章建跃博士曾经撰文说过：没有"过程"＝没有"思想"。这句话可以从两个方面去理解：一方面针对教师，教师的教学设计如果没有好的"过程"，那么这样的教师就是没有"思想"的教师；另一方面针对学生，学生如果没有经历有深度的探究过程，没有在过程中去体验、感悟，去总结、归纳，去发现、探究，这样的学生就是没有"思想"的学生。

　　数学概念的学习才是学习数学的灵魂和精髓，它和探究性学习都是培养学生数学素养的一种重要途径。正确的概念学习可以建立正确的认知,可以纠正、补充、完善学生在日常生活中、学习中不规范的认知,从而帮助学生建构概念。而在实际教学中,老师们不太注重学生概念的形成过程,在教学中直接提出概念后就急急忙忙将大量的时间用于解题训练上,他们也许认为概念很简单,直接给予学生就可以了,没有注重概念的产生、发展、固化等学习过程。实际上,静态的知识或者概念很难转化为学生的知识或概念,根本原因在于每个人的知识都必须有一个形成和发展的过程。因此,要学好数学概念,就必须亲力亲为地理解概念的形成过程,在根据学生的学情和教学内容的背景下,不断在创造的过程中理解数学概念的本质,体会蕴含在概念中的思想方法。

一般地,对于基本概念的教学,都需要学生去看一看、猜一猜、摆一摆、画一画,自己动手操作,再去说一说、想一想,然后在实践应用等环节上,把结论真正领悟透彻,只有这样经历了概念的学习过程才能达到教学的理想效果。一般情况下,数学概念学习要经历以下几个基本过程:实践操作—直观想象—抽象概括—深入思考—应用创新—模型固化。

第一,实践操作的教学模式是通过教师的引导,学生自主参与数学实践活动,在活动中通过动手探索、参与实践、密切数学与生活实际的联系,掌握数学知识的发生、形成过程和数学建模方法,形成应用数学的意识。它是数学新课程教学中广泛使用的一种教学模式,是依据皮亚杰的发生认识论和弗莱登塔尔的数学化思想而来的,目的是培养学生主动参与课堂教学,提高实践操作的能力,形成应用数学知识解决问题的意识和习惯。这也是新课程标准四基和四能的具体表现。

实践操作的教学模式在初中数学教学中是让学生根据已有的生活经验和知识背景去探索知识的形成过程。教师的主要任务是有针对性地指导学生围绕教学目标进行阅读、观察、实验、思考、联想、试探、验证等实践活动,组织好师生间、学生间的多边探究活动,让学生在思维碰撞中撞出灵感的火花,从而体验成功的喜悦。

例如,在新人教版八年级数学第12章"三角形全等的判定"教学中,在学生已经明确产生"具备什么样的条件的两个三角形就可以判定全等?"这样的疑问后,教师让每名学生动手画一个三角形与已知的三角形全等。然后指导学生用全等三角形的定义通过实践操作去判定,哪种方法画出的三角形与已知的三角形全等,为什么?学生积极动手操作、比较,在操作中很顺利地发现,能够重合的两个三角形分别是3条边对应相等的两个三角形全等,两边及其夹角对应相等的两个三角形全等,两角及其夹边对应相等的两个三角形全等,两角和其中一角的对边对应相等的两个三角形全等,师生进一步共同总结:得到一般三角形全等的判定方法有边边边、边角边、角边角和角角边。

由此可见,衡量一个学生水平的高低,从一定程度上讲,是看学生解决问题的能力如何,要做到这一点,教师在教学中必须顺应学生思维发展的特点,从具体的感知入手,加强动手操作,让学生参与学习活动,在观察和操作中进行分析、比较、综合,在感知的基础上加以抽象、概括,学会思考、解决问题。

又比如,学生学习了相似三角形和三角函数后,测量建筑物和树的高度,这是典型的实践操作性题目,教师可以提出这样的问题:怎样测量一棵树的高度?试着针对不同的实际情况,设置不同的测量方法。然后组织学生实地考察,记录所遇到的实际情形,每人设计各自的方案,汇总整理,找几个典型的交流小结,从而提高学生的学习积极性。学生通过亲自操作实践,在考察、做、思考中探索、体验,形成知识,让学生感悟生活知识数学化、数学知识生活化。

以上两个例子采用了"实践操作"的教学模式进行教学,使学生带着对知识应用的欲望畅游在知识的大海里,帮助学生加深对知识生成过程的理解。同时教师也应在课堂上注意对学生的评价和肯定,在知识的应用方面,与学生一起分析探讨学生的想法,采取自评和互相评相结合的方式,进而查漏补缺,使知识掌握得更加全面,鼓励推进知识的深入学习。使学生的能力得到进一步提高。

第二,直观想象。想象是对操作过程的压缩与内化。想象的前提是具体事例"共同性印象"的形成,而"共同性印象"形成的前提是一定量的直观感知经验的积累。当"操作"经过多次重复而被个体熟悉后,就可以引起联想或想象而转化为内容的心理操作活动(即产生"内观")。学生就可直接想象这个"操作",而不需要通过外显的直观操作过程,即可在头脑中实施这个操作过程。进而学生还可对这个过程进行逆转以及与其他程序组合。例如,通过对数列前三项 2,4,6 的观察,可以想象得出第 4 项为 8,第 10 项为 20,等等。因此,想象是在操作的基础上向抽象跨出的第一步。在以往的概念教学中,由于缺少了"想象"这一环节,所形成的概念或者只停留在感觉经验的层面上,或者只是一些纯粹的抽象符号或术语。

第三,抽象概括。在经历"操作"与"想象"两个过程后,结合对具体操作事实材料的观察思考和想象得出的具体事例,再通过"由表及里,去伪存真,由此及彼"的反复运作过程,归纳抽象出概念的本质特征,由此得出科学的概念。例如,在对数列:(1)2,4,6,…;(2)0,5,10,15,…;(3)1,-1,-3,-5,…进行观察操作与想象类似数列后,通过比较与区分,便可以概括出这类数列的共同特征:从第二项起,每一项与前一项的差都是常数,在此基础上给出等差数列的定义可以说是水到渠成的事。

第四,深入思考。"数学"是思维的学科。数学思想方法孕育于知识的发生发展过程中。"思想"是概念的灵魂,是"数学素养"的源泉,是从技能到能力的桥梁。"深入思考"是领悟概念本质的平台,是培养数学能力的土壤。没有"思维的体操"而降格为"刺激—反应"训练,是教育功利化在数学教学中的集中表现。为使数学教学成为"有思考的教学",成为提高思维能力的舞台,成为培育理性精神的阵地,必须坚持有深度思考的过程,概念不能一次性学会。给出了概念的定义并不意味着概念就形成了,而只是概念形成的开端。因此,在给出概念的定义之后,不要急忙往前走,应在概念的定义处作一些深入思考。厘清知识结构网络和思想方法体系,通过教学过程向学生渗透概念的学习方法以及对概念的感悟。

数学教学内容从总体上可分为两个层次:一个称为表层知识,包含概念、性质、法则、公式、公理、定理等基本内容;另一个称为深层知识,主要指数学思想和概念的内涵与外延。表层知识是深层知识的基础,具有较强的操作性,学生只有通过对教材的学习,在掌握与理解了一定的表层知识后,才能进一步学习和领悟相关的深层知识。而数学概念的外延又是以数学概念为载体,蕴含于表层知识之中,是数学的精髓,它支撑和统率着表层知识。因而教师在讲授概念、性质、公式的过程中应不断感悟和深入思考相关的数学思想方法以及概念的内涵和外延,让学生在掌握表层知识的同时,又能领悟到深层知识,从而使学生思维产生质的飞跃。只讲概念、定理、公式而不注重深入思考新知的教学,将不利于学生对所学知识的真正理解和掌握,使学生的知识水平永远停留在一个初级阶段,难以提高。在教学过程中要引导学生主动深入思考结论的探索、发现和推导过程，弄清其中的因果关系，领悟它与其他知识的关系，对概念进行进一步的挖掘与分析、对概念的形成过程进行回味、思考概念定义语句的特点和含义，通过正反例析和各种不同角度的审视，以达到内化概念、固化概念和认识概念的目的。例如，在给出等差数列的概念后，要审视、分析定义的语句特点和关键词的含义，结合正例与反例的辨析，使学生从各种角度挖掘和感受等差数列概念的丰富性。我们用下面的例子来加以说明。

判别以下数列是否为等差数列，若不是请说明理由。

(1) $-1, 3, 6, 9, 12, 15, 18$；

(2) $2, 4, 6, 8, 11, 14, 17, 20, \cdots$；

(3) $2, 3, 2, 3, 2, 3, \cdots$；

(4) $10, 7, 4, 1, -2, -5, \cdots$。

数列(1)从第三项起每一项与前一项的差都是常数3，但第二项与第一项的差却是4，不符合定义中的"从第二项起"；数列(2)的前四项和后四项中，每一项与前一项的差都是常数，但不是同一个常数，由此可使学生体会或感受到"每一项与前一项的差是常数"这一本质特征的真正含义；数列(3)从第二项起，每一项与前一项的和是常数，而相应的差不是常数。只有数列(4)是等差数列，符合要求。通过这样正反几个例子的辨析，使学生感受与理解了定义中"从第二项起"、"每一项与前一项的差""都是同一个常数"等关键词的真正含义，深化了对"等差"这一本质特征的认识;明白了为什么叫"等差数列"而不叫"等和数列""等积数列"的道理。同时还可引发学生去进一步联想和思考有没有"等和数列""等积数列"等问题。

第五,应用创新。数学知识的应用创新过程,其实质是数学命题不断交换和数学方法反复运用的过程。例题、习题的教学不能仅满足于解题过程的完成或单纯追求结果的对与错,而要通过教学过程深挖、提炼和归纳总结解题方法,抓住实质,揭示规律,上升到数学思想方法的高度,从更高层次上发挥解每一道数学问题的作用,从中反思、回顾和总结,这一过程比解题过程更为重要。

我们在平时的教学工作中一直存有这样一个难点:题目讲得不少,可只要条件稍稍一变,一些学生就会不知所措,总是停留在模仿型解题的水平上,很难形成较强的解决问题的能力,更谈不上创新能力的形成。而培养学生解决问题的综合能力又是数学教学的核心目标。在解决问题的过程中,教师就应把最多的教学精力花在诱导学生怎样去想,怎样想到,到哪里去找解题的思路上,要置数学思想方法的运用于解题的中心位置,充分发挥数学思想的解题功能——定向功能、联想功能、构造功能和模糊延伸功能。若学生能在解决问题的过程中充分发挥数学思想方法的解题功能,不仅可少走弯路,而且还可大大提高学生的综合能力与综合素质。

如案例:

练习一:已知直角三角形中,知道一特殊角(或三角函数值)和斜边,求一直角边。

(通过几个简单的变式,既巩固了有关知识,也锻炼了几何思维,突出数形结合。)

练习二:思考探索。

(1)已知,在 Rt△ABC 中,$\angle C = 90°$,$BC = 2\sqrt{3}$,$AC = 2$,你能求出△ABC 中其他的边和角吗?

(2)已知,在 Rt△DEF 中,$\angle E = 90°$,$EF = 5$,$\angle F = 60°$,你能求出△DEF 中其他的边和角吗?

(3)已知,在 Rt△ABC 中,$\angle C = 90°$,$\angle A = 30°$,$\angle B = 60°$,你能求出△ABC 中其他的边吗? 若能求,则写出求解过程(探索中展现出更多问题,讲精、讲透;从多方面、多角度去探索)。

这样的设计,充分发挥了学生的主体作用,学生参与问题的探索,大大激发了学生的求知兴趣,使学生在学习知识的同时,感受和领会到数学思想和方法的魅力。

例如,初中数学新人教版八年级上册第11.2.1"三角形的内角和"这一节课中有这样一个例题:C 岛在 A 岛的北偏东 50°的方向,B 岛在 A 岛的北偏东 80°的方向,C 岛在 B 岛的北偏西 40°的方向。从 B 岛看 A,C 两岛的视角∠ABC 是多少度? 从 C 岛看 A,B 两岛的视角∠ACB 呢? 这是一个实际问题,可利用三角形内角和是 180°这个模型将实际问题转化为数学中的三角形问题,即 A,B,C 岛的连线构成 $\triangle ABC$,所以 $\angle ACB$ 是 $\triangle ABC$ 的一个内角,在 $\triangle ABC$ 中,求出 $\angle CAB$ 和 $\angle ABC$,根据三角形内角和定理即可求出 $\angle ACB$,而根据已知条件,$\angle CAB$ 和 $\angle ABC$ 很容易求出。在这个过程中,蕴含了很重要的转化思想,所以,在理解应用的过程中,逐步渗透数学思想,做到"随风潜入夜,润物细无声"。

第六,模型固化。它是指一个概念通过"实践操作""直观想象""应用创新"以及与相关概念、原理的联系所形成的一种在个体头脑中的认知结构,它可用于解决与这个概念相关的问题。"模型固化"既是一个静态的结果,也是一个动态的过程,需要在长期的学习活动中不断丰富和完善。起初的概念模型固化包含反映概念的特例、抽象过程、定义及符号,通过不断应用逐步建立起与相关概念、原理、事物、背景的联系,在头脑中形成一种具有丰富性的认知框架。在导学案设计中,通过实践操作、直观想象、抽象概括、深入思考、运用创新的学习环节的设计,积累丰富的基本活动经验,深化对概念、含义及其价值的理解和认识,广泛地与其他概念建立联系,以形成清晰、稳定、有效的认知结构模型。

概念学习的几个基本过程是对数学概念所特有的思维形式——"过程和对象的双重性"进行切实分析的基础上提出的,比较真实地反映了学生学习数学概念过程中的思维活动。其中的"实践操作"阶段是学生理解概念的一个必要条件,通过"实践操作"让学生亲身体验与感受概念的直观背景以及概念产生的最初形态。"直观想象"阶段是学生对"实践操作"活动过程进行压缩、内化的过程,是由直观感知向概括抽象过渡的必然环节。"抽象概括"阶段是通过对"实践操作""直观想象"中所形成的各种具体属性进行区分、抽象与综合,认识到概念的本质属性,并对其赋予形式化的定义及符号表示,使其达到精化而成为一个具体的对象实体,在以后的学习中以此为对象去进行新的活动。"运用创新""模型固化"阶段是通过正反例析和运用概念分析问题与解决问题的过程,进一步巩固和加深对概念本质特征的理解以及概念内涵与外延的认识。"模型固化"阶段的形成要经过长期的学习活动来完善,起初的模型包含典型特例、抽象过程、定义及符号,经过学习建立起与其他概念、规则、图形等的联系,在头脑中形成综合的心理模型。

✱第二节 从现象学与数学思想方法看概念学习的基本过程

现象学认为,当感知一个对象时,一般要经历"个别的看""想象的看"和"一般的看"。从数学的思想方法看,学习一个新知识应分为3个阶段:"抽象""推理""模型"。现在我们运用这3个阶段来分析概念学习的基本过程。概念学习过程的

"实践操作"就是让学生直接观察操作中的事物，获得对事物特征的直观感受，这是"个别的看"，为了揭示概念的本质特征只看个别的实例是不够的，还要多看几个同类的事例，使学生在积累直观感受的过程中，聚焦经验中事物的变化中不变的东西，经过推理想象出同类的事物，在大脑中形成共同性的概念；当学生将所有看到的与想象的事物都看成某个"一般下的个别"，也即形成一种关于事物的"本质直观"，在此基础上抽象概括出概念的本质属性而给出概念的定义，这个过程就是现象学中"一般的看"。获得概念后在"深入思考"与"运用创新"阶段，经过推理，深化巩固概念，用概念的"本质直观"去看世界、去解释、寻找和创造出更多的同类事物，并通过反思形成概念知识结构体系，这就是模型固化的看待。当学生在"一般的看"的过程中抽象出概念后，并不意味着他们就获得了概念，只有当运用概念的定义去解释或解决相关问题时，他们才能感受到概念的真实存在；只有当概念的定义成为学生知识经验的一部分、成为一种内在的观念时，才表明他们获得了概念。其中，"实践操作"是向外看，"直观想象"与"抽象概括"是向内看，而"运用创新"和"模型固化"是内外一致的看。这种"内外一致的看"的知识，源于经验，又高于经验，最终又为经验服务，这才是真正活的知识。

★第三节 数学概念学习导学案的设计模式

案例1 一元二次方程与一元二次方程的解的概念学习导学案设计

一元二次方程的概念

观察思考:观察"发现问题,提出问题"中"做一做"得出的方程①后回答:它是整式方程吗?(　　)

含有____个未知数,未知数的最高次数为____,化简整理成右边为零的形式后得_____;

观察"发现问题,提出问题"中"做一做"得出的方程②后回答:它是整式方程吗?(　　)

含有____个未知数,未知数的最高次数为____,化简整理成右边为零的形式后得_____;

观察"发现问题,提出问题"中"做一做"得出的方程③后回答:它是整式方程吗?(　　)

含有____个未知数,未知数的最高次数为____,化简整理成右边为零的形式后得_____;

思考:(1)发现问题,提出问题中的"做一做"得出的方程①、②、③有哪些共同特点?

温馨提示:观察方程是什么形式的方程,方程中未知数的个数、次数和化简后的形式。

（2）你能举出几个具有这种特点的方程吗？_____。

归纳概括：我们把具有上述特征的方程叫作一元二次方程。请你给一元二次方程下一个定义：_____。（链接2）

注意：我们把 $ax^2+bx+c=0$（其中 a,b,c 为常数，且 $a\neq 0$）称为一元二次方程的一般形式。二次项、一次项、常数项分别为_____、_____、_____。二次项系数、一次项系数分别为_____、_____。

★想一想：一元二次方程的定义中的关键词是什么？一元二次方程的特征是什么？

★巩固应用：

将下列方程整理后判断是否为关于 x 的一元二次方程，若是，指出它的各项系数。

(1) $(x-2)^2=5x^2-1$（   ）

(2) $\dfrac{1}{x^2}+1=0$（   ）

(3) $x^2+mx+n^2=0$（   ）

(4) $(a^2+1)x^2-2x+1=0$（   ）

(5) $ax^2-x+c=0$（   ）

(6) $x^2=x(x-\sqrt{2})+3$（   ）

解后反思：判断一个方程是否为一元二次方程的步骤是什么？

【例1】 当 m 满足什么条件时,方程 $(m+2)x^{|m|} - 2x^{|m|-1} - 6 = 4$ 是关于 x 的一元一次方程;当 m 满足什么条件时,上述方程才是关于 x 的一元二次方程。

★思路启迪:一元二次方程的条件是什么?

解:

★解后反思:解答本题的关键是什么?用到了什么数学思想和方法?

※拓展延伸:当 m 取何值时,关于 x 的方程 $(m-3)x^{|m|-1} + (m+3)x - 3 = 0$ 是一元二次方程;当 m 取何值时,上述方程是一元一次方程。

一元二次方程的解(或根)

请回忆什么是方程的解?你能否由此得出一元二次方程的解的定义?请写出你得出的定义:_____ _____ 叫作一元二次方程的解。_____ _____ 的方程的解也叫作方程的根。

思考:你能类比一元一次方程的解的定义和一元二次方程

的解的定义吗?

● 巩固应用:

一元二次方程 $t^2 + 4t - 5 = 0$ 的解是(　　)。

A. $t=-5$　　B. $t=1$　　C. $t=5$ 或 -1　　D. $t=-5$ 或 1

★解后反思:判断一个数是否为一元二次方程的解的关键是什么?所用的方法是什么?

【例2】 关于 y 的一元二次方程 $(m-2)y^2 + 3y + m^2 - 4 = 0$ 有一个解是 0,求 m 的值。

★思路启迪:由已知可联想到什么?要求 m 的值需要得到一个什么?

解:

★反思提炼:解答本题的关键是什么?要求某个字母的值,一般都要转换为什么问题来解答?这里体现了什么样的数学思想?

※拓展延伸:当 a 为何值时,关于 x 的一元二次方程 $(a-4)x^2 - (13-a)x - a^2 + 16 = 0$,(1)有一根为 0;(2)有一根为 -1。

【目标检测 自我评价】

1. 感受与认识

(1)在本节课的学习中,你感受最深的知识、思想、方法是什么?

(2)你还有哪些问题没弄清楚?

2. 自我测评

(1)下列方程中不一定是一元二次方程的是(　　)。

A. $(a-3)x^2 = 8(a \neq 3)$　　B. $ax^2 + bx + c = 0$

C. $(x+3)(x-2) = x+5$　　D. $\sqrt{3}x^2 + \dfrac{3}{57}x - 2 = 0$

(2)下列方程中不是一元二次方程的是(　　)。

A. $x^2 + x = 1$　　B. $2x^2 - x - 12 = 12$

C. $2(x^2 - 1) = x(2x - 1)$　　D. $2(x^2 + 1) = x + 2$

(3)关于 x 的一元二次方程 $(a-1)x^2 + x + a^2 - 1 = 0$ 的一个根是 0,则 a 值为(　　)。

A. 1　　B. -1　　C. 1 或 -1　　D. $\dfrac{1}{2}$

(4)当 a _____ 时,$(a^2-3)x^2=2x+1$ 是关于 x 的一元二次方程。

(5)若一元二次方程 $ax^2+bx+c=0(a\neq 0)$ 有一个根为 -1,则 a,b,c 的关系是_____。

(6)已知关于 x 的方程 $(n-2)x^{n^2-2}+3nx+3=0$ 是一元二次方程,求 n 的值。

案例2 矩形的概念(北师大版八年级上 第四节 矩形、正方形)

【发现问题 提出问题】

1.平行四边形的定义:_____叫平行四边形。

2.平行四边形的性质:_____。

	边	角	对角线
平行四边形			

一、矩形的概念

观察下面两个平行四边形,图 8.1(b)与一般的平行四边形图 8.1(a)有何联系与区别?

图8.1

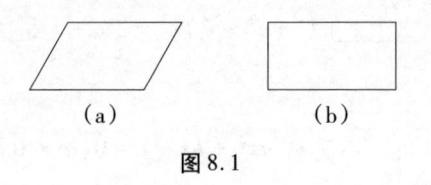

联系:图8.1(b)是_____,它的对边_____且_____。

区别:_____。

图8.1(b)是我们已经熟悉的矩形,根据上面的分析,由此可给矩形下定义吗?

矩形定义:_____叫矩形。

由矩形定义可知:矩形具备的特点有:①_____;②_____。

思考:

1. 矩形与平行四边形的关系是什么?

2. 4个角都相等的四边形是矩形吗?

3. 有1个角是直角的四边形是否为矩形? 有两个角是直角的四边形呢? 3个角是直角的呢?

评析:由于学生已经熟悉平行四边形的概念,而矩形是一种特殊的平行四边形。因此,矩形的学习是属于下位学习。这里学案设计者采用了概念同化的学习理论进行设计。首先复习平行四边的概念,然后让学生观察特殊的平行四边形——矩形与一般平行四边形的区别与联系,引导学生分析矩形与平行四边形之间的"属"与"种差",从而获得矩形的概念。

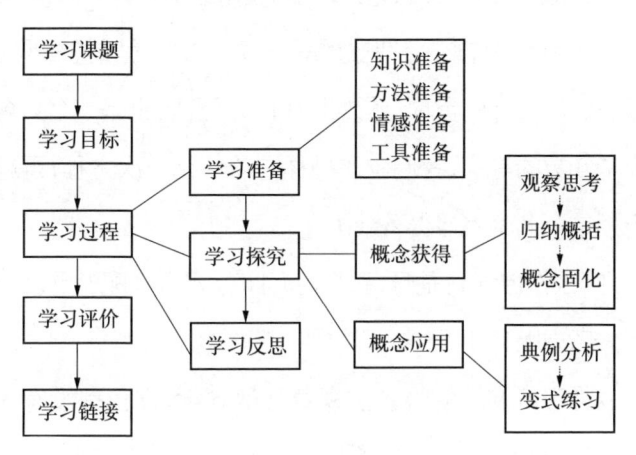

二、概念学习学案的结构

概念学习学案的结构,如图 8.2 所示。

图 8.2 概念学习学案的结构

★第四节 "分式方程"的概念课例实录片段

"分式方程"概念的建构形成过程如下:

1. 自主学习——产生认知冲突

上课了,学生开始安静地看书,间或夹杂一些书本翻动及自言自语的轻微声响。大约 5 min 后,这种宁静被逐渐打破,举手的人越来越多了,于是,学生的自习告一段落,互动交流便拉开了帷幕。

生1(急切地):老师,为什么像 $\frac{x}{x+1} + \frac{2}{x} = 1$ 这样的方程一定叫分式方程呢?

师:你是怎么理解的呢?(把问题抛给学生)

生1:我认为,整个解题过程和一元一次方程完全一样(去分母、移项、合并同类项,系数化为1),并且它也是一个只含有一个未知数的等式,我们应该仍称它为一元一次方程,再起分式方程这个名字就显得多余了。

师(故作惊讶):是呀,那又何必叫分式方程呢?是教材编写者欠考虑呢?还是……

老师带着询问的眼光注视着其他同学,许久都没有人发言。看来,这个"质疑"问到了他们的"痛处",这时该我出手了。

2. 定向激发——启发思维碰撞

师(启发):未知数的个数和次数是为方程起名的一个依据,是否还有其他考虑?

生2:判断分式和整式的依据是看分母上含不含有未知数,我想教材编写者可能是从这一个角度考虑的。

师:同学们,你们想一想生2说的是否有道理?(把评判的权利下放给学生)

课堂内顿时炸开了锅,同学们纷纷议论开来。

生3:如果按这一角度去考虑,可称它为分式方程。

生4：从分式和整式的分类角度考虑，确实我们还可以把方程分为分式方程和整式方程，依据是看方程中是否出现了分式。

……

渐渐地同学们的意见开始统一起来，分式方程即分母中含有未知数的方程。

【案例简评】本节课让学生带着目的进行自主学习，从课本的感性材料入手，在学生头脑中形成鲜明的分式方程概念的表象特征，从而引发学生对分式方程和一元一次方程概念理解的认知冲突，进而产生对分式方程概念的质疑。在此感性认知的基础上，教师引导学生分析和比较方程起名的依据，开阔了学生的思维空间，使学生主动参与辨析，抽象出分式方程的本质属性，从而完成概念从具体到抽象的概括，既复习了分式，又为解分式方程做了铺垫。

【学习策略引导】学生接受知识是一个建构过程，感悟概念阶段是帮助学生建构正确、清晰的数学概念的重要环节，不仅要使学生记住概念，更要让学生了解概念建立的合理性。在学生"质疑"和师生"解疑"的过程中学生的认知得到提升，学生的思维得到历练，数学概念得以构建，学生真正领悟到概念讨论的对象是什么、背景如何、其来龙去脉、学习这个概念有什么意义、它们与过去学过的概念有什么联系，又有什么区别。只有这样学生才能真正把握概念的本质，才能更好地理解和运用概念。学生在学习过程中,找到新知建构的生长点,巧妙地使学生的新旧知识迁移顺利发生,使自主探究的学习成为可能。以建构主义为指导,学生通过自己发现、自己探究、自己建构,从而完成对新知识认识的过程,真正实现"以学生的发展为本"。

★第五节 数学命题学习的学案设计模式

命题学习的学习过程:命题的发现—命题的确认—命题的挖掘—命题的运用—命题的概括。

命题学习学案的一般结构:

【学习课题】

【学习目标】

【学习重点】

【学习过程】

(一)发现问题 提出问题(复习相关知识,设置问题情境,提出探究问题)

(二)合作学习 探求新知

1.命题的探究(完成命题的发现、命题的确认、命题的挖掘)

- 观察思考:(分析问题材料,发现命题)
- 归纳概括:(提出命题猜想,验证证明命题)

★"想一想":(用问题的形式引导学生挖掘命题)

2. 例题练析(命题的运用)

通过2~3个典型例题,引导学生学习如何运用命题解决问题,每道例题设计格式如下:

例题的编写结构如下:

例1:×××

★思路启迪:(不要直接给出解答的思路和方法,应用问题的形式引导学生思考)

解:

★解后反思:(以问题的形式引导学生进行解题后反思,主要是提炼方法,总结规律,引申拓展,帮助学生积累解题经验)

★变式练习

(三)目标检测　自我评价(命题知识体系的构建)(以提问的形式引导学生进行本节学习内容的反思总结,完善知识结构体系)

自我测评一:(主要测试本节内容的基本知识、基本技能和基本思想与基本活动经验,题目要基础,不要有难题,以选择题、填空题为主,解答题为辅,题量与结构:2+2+1)

自我测评二:(综合运用知识分析和解决问题的能力,题目要有一定的综合性,以解答题为主,题量与结构:1+1+3)

【学习链接】

★第六节 数学解题课学习的环节与学案设计结构

一、解题学习的环节

理解题目—拟订解题方案—写出解题过程—解题回顾。

1. 理解题目

未知量是什么？已知数据是什么？条件是什么？条件有可能满足吗？条件是否可以确定未知量，或者它不够充分，或者多余，或者矛盾？

画张图，引入适当的符号。

把条件的不同部分分开。你能否将它们写出来？

2. 拟订解题方案

你以前见过它吗？或者你见过相同的题目以稍有不同的形式出现吗？

你知道一道与它有关的题吗？你知道一条可能有用的定理吗？

观察未知量，并尽量想出一道你所熟悉的具有相同或相似未知量的题目。

这里有一道与你的题有关而且以前解过的题，你能利用它吗？你能利用它的结果吗？你能利用它的方法吗？为了有可能应用它，你是否应该引入某个辅助元素？

你能重新叙述这道题目吗？你还能以不同的方式叙述它吗？

回到定义中。

如果你不能解答所提出的题，先尝试去解某道有关的题目。你能否想到一道更容易着手的相关题目？一道更为普遍的题目？一道更为特殊化的题目？一道类似的题目？你能解出这道题目的一部分吗？只保留条件的一部分，而丢掉其他部分，那么未知量能确定到什么程度？它能怎样变化？你能从已知数据得出一些有用的东西吗？你能想到其他适合的已知数据来确定该未知量吗？你能改变未知量或已知数据，或者有必要的话，把两者都改变，从而使新的未知量和新的已知数据彼此更接近吗？你用到全部的条件了吗？你把题目中所有关键的概念都考虑了吗？

注：在学案设计时，以上两个步骤用"思路启迪"引导学生进行。要结合具体题目选用以上提问进行引导。

3. 写出解题过程

在明晰解题思路后，写出解题的完整过程。在写出解题过程时要注意逻辑顺序。表述要清楚、简洁，说理清楚，每步的推导都要有依据。

4. 解题回顾

解完题后再回头思考一下问题:在学案设计时用"想一想"栏目提出以下问题,引导学生进行解题回顾:"你能检验这个结果吗?""你能检验这个论证吗?""你能以不同的方式推导这个结果吗?""你能一眼看出它吗?""你能在别的什么题目中利用这个结果或这种方法吗?""它的特殊情况是什么? 它的一般结论是什么?""它的逆命题是否成立?"

二、解题学习学案的结构

【学习目标】

【学习重点】

【学习过程】

(一)发现问题 提出问题(复习解题中要用到的知识和方法,为解题学习提供必要的知识、方法与情感的准备)

(二)例题炼析

★思路启迪(用楷体):(包括理解题目、拟订方案)

解:

★解后反思:(以问题形式引导学生进行解后反思)

★拓展延伸:(针对例题进行变式练习,目的是进一步巩固典型例题所提供的数学思想方法和解题规律)

(三)目标检测 自我评价(对整节解题学习课进行系统的回顾总结,完善解题认知结构)

【学习链接】

【学习评价】

自我测评一:

自我测评二:

这里需要说明的是"例题炼析"中"典例分析"的主要内容:思路启迪,执行方案,解后反思,变式训练。这是解题学习的核心内容和主要部分,是区别于其他学案的显著特征。解题学习的主要目的是学会解题,而例题炼析就是要使学生通过典型例题的启迪学习如何解题,根据波利亚《怎样解题》的思想,学会解题的第一步就是要理解题意,然后再寻找解题思路,制订解题计划。因此,学案设计时给出例题后,对于较难一些的例题一般不要马上把答案和盘托出,而应进行"思路启迪",引导学生去仔细审题,分析题中哪些是已知条件,哪些是未知量,已知与未知之间有何关系。学案设计时,"思路启迪"可用提问题的形式启发思考,也可直接给以点拨,从而引导学生去思考、探究解题的思路与寻找解题的突破点。在得到解题思路后再执行解题方案,写出解题过程,为了提高解题能力,在得出答案后,还要进行"解题反思",总结解题的规律,提炼其中的数学思想方法,对例题进行深入思考、探究、引申、变式和拓展,达到解一题,通一类,带一片,以题及类,举一反三的效果,从而提高解题的效率和能力,逐渐学会解题。

✱第七节　数学复习课学案的含义与特点

一、复习学案的基本含义

数学复习是数学教与学的一个重要环节。它是在学生学完数学的某一个单元或全部内容之后,进行的一次系统、全面的回顾与整理,从而将各部分知识进行有机的整合,构建数学知识的结构体系,形成整体性的数学"认知框架",进一步完善学生的数学认知结构,提高学生综合运用知识分析问题和解决问题的能力。数学复习学案是指引导与帮助学生有效地梳理知识技能、总结数学思想方法、反思学习过程、提升数学基本活动经验、扩充与完善数学认知结构的学习方案。具体包括以下几个方面的内容:

1. 梳理知识

围绕核心概念与基本概念,帮助学生梳理知识,形成知识网络,使知识系统化、结构化,以加深对知识的理解,明确与强化知识之间的内在联系;通过查漏补缺,弥补平时学习的薄弱环节,生成新的知识意义,建立新的联系。总体上,通过对知识网络的建构,深化对知识内在联系的认识,提高整体把握数学知识结构的能力;深化对基本概念、基本公式、定理、法则的理解,提高综合应用知识的能力。

2. 优化基本活动经验

通过全面、系统的复习和综合应用,帮助学生进一步巩固和掌握基本技能以及基本的数学思想方法,引导学生通过回顾与反思,把在各个阶段、各个环节学习中所产生的那些微弱的、零散的基本活动经验系统化、概括化、条理化,特别是学习中成功的经验与失败的教训,使它们真正成为学习的经验和解题的经验,成为一种学习、生活的智慧与财富。

3. 总结解题方法

帮助学生揭示解题规律,总结解题方法,进一步提高学生综合运用数学知识分析问题、解决问题的能力。引导学生掌握一些整理解题方法的有效策略,如将典型例题分门别类地加以整理、建立"错题集"、一题多解等;使他们能够把复习看成一种有意义的、有价值的、更为重要的学习活动,而不是身陷"题海"而进行简单的重复。

4. 达成高层次的教学目标

分析、综合、评价属于智能水平的发展目标,是数学认知领域内的高层次教学目标。这种高层次的目标是以低层次的目标为基础,是强化思维训练,从量的积累到质的飞跃的结果。它涉及学生数学知识的掌握和经验的积累。通过对数学知识的复习与组织,对各知识点逻辑关系的把握以及比较、鉴别、取舍、融汇各知识点并将其综合运用的复杂程度。提高学生分析、综合、评价等高层次智能发展目标,这在新授课时是没有条件落实的,而只有在复习时才能真正落实。

二、数学复习学案的特点

数学复习是在学生学完了某一部分或全部数学内容后进行的,其目的就是培养学生综合运用各部分知识灵活地解决各种数学问题,提高学生综合应用数学知识分析问题和解决问题的能力,因此,具有综合性强、容量大、针对性强、内容不确定等特点。由此,在复习学案的设计中需要突出以下特点:

1. 系统性

系统论告诉我们:系统地组织起来的材料所提供的信息,远远大于部分材料提供的信息之和。乌申斯基指出:"智力就是形成系统的知识。"因为,系统化、结构化、网络化的知识便于记忆、理解、检索和应用。创造心理学的研究也表明:新的发明创造主要取决于整体性的"认知框架"的转换。而整体性的"认知框架"的形成则在于对对象整体性的把握。因此,对象整体性的把握是形成创新思维能力的必要条件。就数学学科而言,只有将各个单元和分散的知识纳入数学知识的整体结构之中,形成整体性的"认知框架",才能显示出其应有的活力。而学生在进行各个单元知识的学习时,只是对各单元知识有了初步的领悟,对各知识点的内在联系,认识还是肤浅的,达不到应有的深度,难以形成整体性的"认知框架",形成综合驾驭整体知识的能力。而对数学知识的整体驾驭和把握,只有在复习时特别是总复习才能很好地完成。因此,数学复习时就不应是把平时学习过的数学知识简单地重复一遍,而是要在对知识整体和各个单元知识部分之间的关系作仔细的分析、研究后,按数学的逻辑结构及知识之间的内在联系,把平时所学的各个单元的、局部的、分散的、零碎的知识及解题的数学思想、方法和规律进行纵横联系,"以线串珠",使之系统化、结构化、网络化,从而将各部分知识进行有机的整合,构建数学知识的结构体系,以形成整体性的"认知框架",进一步完善学生的数学认知结构。数学知识结构体系构建的方法是将各单元与单元、单元与整体之间的联系和作用用表格式、纲要式、图表式和口诀等形式直观形象地构建知识的整体层次结构,便于学生从整体上把握所学知识,完善认知结构,形成综合驾驭整体知识的能力。

2. 基础性

基础知识、基本技能的扎实掌握和基本数学思想及方法的熟练运用,是灵活运用知识分析问题和解决问题的前提与保障。因此,复习时一定要狠抓基础知识的复习、基本技能的训练和基本方法的熟练运用。

首先,要明确基础复习的指导思想。基础知识复习的指导思想为:全面、系统、扎实、灵活;基本技能复习的指导思想为:

熟练掌握,灵活运用;对基本的数学思想与方法复习的指导思想为:注重提炼,直到解题。其次,要抓好以下几点:

①回归课本和《课程标准》,明确目标和要求,过好"三关"(概念关、公式定理法则关和例题习题关),落实考测点。

②反馈校正,纠错评优,消除疑难点。

③立足全面,确保重点,补好盲弱点。

④完善结构,加强综合,揭示交汇点。

⑤改进教法,注重能力,抓好着力点。

3. 综合性

综合就是将各个部分有机地结合。只有综合的知识才具有强大的活力,才能发挥其应有的作用。知识综合的程度反映一个人综合应用知识能力的高低。而综合应用知识的能力又是创新型人才的必备素质,是创新能力的重要组成部分。近年来,高考和中考试题综合程度的增强,课程改革增加了综合实践课和课题学习都是为了培养学生的综合运用数学知识的能力。综合运用数学知识能力培养的最佳时机是在学完数学的全部内容之后。所以,数学复习特别是数学总复习的一个重要任务就是要培养学生综合运用数学知识的能力。因此,复习时,就不能再按一节、一章的内容,分条款进行,而应在复习时将各部分知识纳入数学知识的整体结构之中,综合运用各部分知识灵活地解决各种数学问题,提高学生综合应用数学知识的能力和水平。

4. 针对性

复习时,指导思想的确定,复习计划的制订,复习方法的选择,例题、练习题的选取和编制等都要有较强的针对性。因为,复习时内容一般较多,时间又有限,要在有限的时间内提高复习效益,就必须要有针对性,不能带有任何的盲目性与随意性。遵循这一原则时,必须认真研究大纲、教材、考试说明、近几年的中考试题的特点和学生的实际,才能真正做到复习的针对性,提高复习的有效性。进行数学总复习时要常做到以下几种针对性:

①针对《课程标准》和考试说明的要求。

②针对学生学习中的薄弱环节。

③针对重、难点。

④针对中考的热点。

复习时不能面面俱到,不是眉毛、胡子一把抓,而是要在全面复习的基础上,根据《课程标准》、大纲和考试说明的要求及近几年中考考试改革的方向,针对重点内容进行重点复习,才能提高复习的有效性。

5. 精选性

复习课中例题的选择、习题的配备必须精心设计。题目必须有一定的基础性、启发性、代表性和综合性。特别是例题的选取要做到少、精、活、度。"少"指一节课所选例题不宜太多，一般以 2~3 个为宜。"精"指题目要精练，要具有典型性和代表性。"活"指题目的解法要灵活，不要太单一，要具有启发性和开发研究的价值，即要有较强的探究性和发展的余地，能由此引出新的问题和进一步的思考。"度"指难度，例题选取不宜太难，一般以中档题为佳。要选择一些能"牵一发而动全身"的题目供师生共同进行探究，帮助学生从中找出规律与方法，达到解一题，通一类，带一串的效果。例如，可精选一些一题多解、一题多变和可以引申推广的题目让学生进行训练和探究，以开阔学生思路，使学生通过复习有新的收获、新的体会和新的提高。遵循这一原则，要求要活用资料，不要照搬资料，并针对学生的实际和《课程标准》、考试说明的要求，精心挑选题目。

6. 指导性

笛卡儿指出："最有价值的知识是方法的知识。"数学复习的策略与方法的正确运用，对提高复习效率有着举足轻重的保障与促进作用。因此，在复习中，教师要注意对这类策略性知识的复习和指导，提高学生的监控调节能力和自主学习能力，从而提高复习效率。

指导性原则主要是指要加强对学生复习策略与方法的指导。具体复习指导主要为以下几点：

①指导学生制订复习计划,明确复习目的、确定复习重点,选好复习方法,落实复习措施。

②指导学生处理好课本与复习资料、课内与课外、做题与总结提炼解题规律的关系。

③对学习困难的学生要加强个别指导。

④指导学生进行知识内在联系的总结、知识网络结构的建立和解题规律的提炼等。

三、复习学案的结构

【学习课题】

【学习目标】

【学习重点】

【学习过程】

一、知识梳理

1. 知识框图

2. 知识要点

3. 方法梳理

4. 题型梳理

● 基础练习

二、例题炼析

例1 ×××

★思路启迪

★想一想(解后反思)

★试一试(变式练习)

三、学习反思

【学习链接】

【学习评价】

案例13:"因式分解复习学案"的"知识梳理"设计

1. 知识框图

请同学们回忆并归纳本单元的知识结构,完成以下填空。

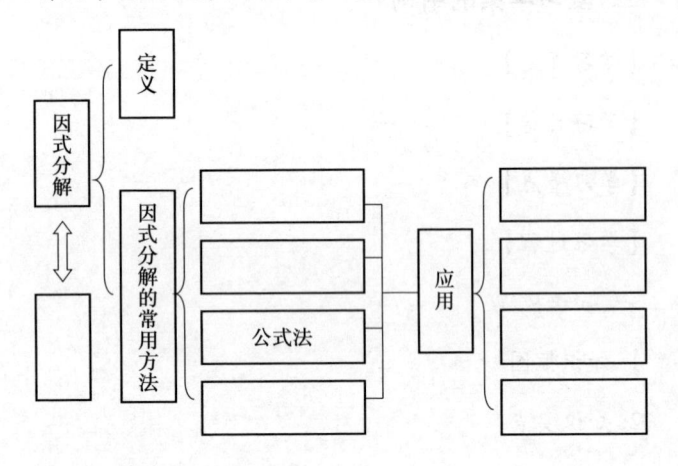

[知识框图:因式分解 — 定义、因式分解的常用方法(公式法)、应用]

2. 知识要点

(1)因式分解的意义:

(2)因式分解的方法:

① _____ 例:

② _____ 例:

③ _____ 例:

④   例:

★想一想:

(1)因式分解与整式乘法是什么关系?能举例说明吗?

(2)因式分解是整式的什么变形?如何检验分解是否正确?

3.方法梳理

本章常用的解题方法有哪些?你能举例说明吗?

注:(1)【知识梳理】不是知识点的简单罗列,而是要明确知识的本质特征、价值和作用,厘清知识内在的联系,从而建构知识网络。

(2)关于【知识结构】的梳理要求:

【知识结构】一般是复习课中【知识梳理】的第一个内容,也是一般类型的学习中【反思小结】的重要内容之一。

【知识结构】的梳理可采用三步走的策略:

第一步(开始学习阶段):直接呈现知识结构图(注意配以节点关系说明,链接相关节点的练习题),要求学生阅读知识结构图,通过问题理解这一知识结构图中的关系(实际上就是会阅读、会学习),依次完成各节点的相关问题。

第二步(半独立学习阶段):填空式补全知识结构图(呈现部分框架,要求学生补全这一框架),后续活动照旧(只是多了一个补全后的小组交流和对照反馈,这里的反馈可选用某班级学生原有的知识框架)。

第三步(独立完成阶段):通过提问式要求学生形成知识结构图(你本节课学习了哪些知识?相互之间具有什么关系?你能仿照以前的做法用适当的框图整理出相关知识吗?)。

(3)【例题炼析】的设计要求:首先,要注意的是所选例题的典型性,要通过典型例题的剖析总结提炼出运用基本公式、定理解题的主要题型、方法和规律。其次,要注意题与题之间的搭配要循序渐进,有层次、有梯度。最后,对较难的例题要给予必要的提示,解题后要用"思考""想一想""解后反思"等引导学生进行解题后的反思总结(教学中老师在解题后要给予点评和引申,把问题引向深入,把学生的思维引向深入,从而使学生的理解和思维到达一片更广阔的天地,对问题的理解达到一个更高的深度)。

(4)【学法指导】的设计要求:对学生自学过程中的【学法指导】要渗透在问题的解答过程中。例如,对于较难的问题要给予必要的提示,解题后要再以"思考"或"想一想"的方式引导学生进一步反思和总结提炼等。

(5)【学习反思】的设计要求：全课结束时的【反思小结】不能只有一个栏目标题，还要以问题的形式给予必要的引导和提示，以帮助学生反思，让学生明白从哪些方面进行总结，这就是对学生的学法指导。

注：

学案有两种形式：一种是"流程式"，按照知识的发生、发展和形成过程设计，前面所有的案例基本上都是"流程式"；另一种是"活动式"，按照探究活动的内容和主题进行设计。

参考文献

[1] 尹玲玲.浅谈学校减轻中小学生课业负担的策略研究[J].文理导航:下旬,2017(5):7.

[2] 余文森.课堂教学有效性的理论与实践[J].江苏教育,2006(9B):10-12.

[3] 余震球.维果茨基教育论著选[M].2版.北京:人民教育出版社,2005.

[4] 王富英,王新民.数学学案及其设计[J].数学教育学报,2009,18(1):71-74.

[5] 王新民,王富英,谭竹.数学学案及其设计[M].北京:科学出版社,2011.

[6] 季苹.教什么知识——对教学的知识论基础的认识[M].北京:教育科学出版社,2009.

[7] 王富英.怎样确定教学的重、难点[J].中国数学教育:高中版,2010(1):17-18.

[8] 王富英.学案中"学习准备"的设计[J].中学数学教学参考:中旬,2010(6):68-69.

[9] 弗赖登塔尔.数学教育再探——在中国的讲学[M].刘意竹,译.上海:上海教育出版社,1999.

[10] 何小亚.回应《姜伯驹:新课标让数学课失去了什么》[J].广东教育:综合,2006(6):55-57.

[11] 何小亚.学生"数学素养"指标的理论分析[J].数学教育学报,2015(1):13-20.

[12] 中华人民共和国教育部.义务教育数学课程标准(2011年版)[M].北京:北京师范大学出版社,2012.

[13] 洪燕君,周九诗,王尚志,等.《普通高中数学课程标准(修订稿)》的意见征询——访谈张奠宙先生[J].数学教育学报,2015,24(3):35-39.

[14] 何小亚.与新课程同行——数学学与教的心理学[M].广州:华南理工大学出版社,2004.

[15] 何小亚,姚静.中学数学教学设计[M].2版.北京:科学出版社,2012.

后记

时光飞逝,岁月流转,转眼间,已在初中数学教师这个岗位工作了 20 年。20 年的风雨兼程,既有丰收的喜悦,也有失败的忧伤。自从教以来,我秉承"快乐学习,幸福教育"的理念,一直坚持在教学一线,形成了自己独特的教学风格。面对教育教学中的困惑和疑难,进行了不少研究和总结。尤其是对如何让学生快乐学习,切实减轻学生过重课业负担进行了深入研究。在重庆市教育评估院沈军书记、田腾飞博士,重庆市教育科学研究院张晓斌老师,以及重庆市松树桥中学校长刘庆先,渝北区初中数学教研员蔡定宏的指导下,将自己的教学思想进行了梳理和提炼,即"乐福教育"。本书结合社会最关注的学生课业负担过重的热点问题,从优化教学设计切入,以革新教学方式为手段,对切实减轻学生过重课业负担进行深入地实践研究。真正让学生感到学习的快乐,教师感到授课的幸福。正是上述专家、领导的帮助,《优化初中数学教学设计——减轻学生过重课业负担的实践探索》一书顺利诞生，在此，谨向以上各位专家和领导表示感谢！

  笔者之所以能劳有所获，是与重庆市松树桥中学校的求真务实、兼容并包、鼓励创新的精神分不开的。感谢重庆市松树桥中学校给笔者提供了一个展示的舞台！

王章永

2019 年 8 月